烟农专业合作社转型升级100问

陈风雷 主编

李家俊 焦 剑 王骏飞 副主编

中国农业出版社
北 京

编　委　会

主　　编： 陈风雷

副 主 编： 李家俊　焦　剑　王骏飞

编写人员（按笔画排名）：

丁　锋　王仕海　王克敏　王骏飞

孙光军　田维强　李光雷　何　轶

罗远辉　高璇卿　邱正高　刘扬舟

黄　宁　陈　俊　顾怀胜

审　　稿： 黄祖辉　郭红东　徐旭初

序 言

贵州是全国第二大烟叶产区，生态条件优越、立体气候明显，所产烟叶风格特征突出，山地“蜜甜香型”、“清甜香型”特色风格得到卷烟工业广泛认可。2008 年以来，贵州省局（公司）认真贯彻党中央、国务院关于解决好“三农”问题的一系列决策部署，紧紧围绕国家烟草专卖局“一基四化”总体要求和“减工降本、提质增效”核心目标，创新形成并严格按照“珍珠项链式”现代烟草农业建设模式，以基地单元为载体，坚持“种植在户、服务在社”生产组织形式的发展方向，以示范社建设为抓手，深入推进综合服务型烟农专业合作社建设。截至 2016 年底，贵州全省共组建烟农专业合作社 129 家，社员 12.7 万户，服务面积 233 万亩，累计建成 72 家烟农专业合作社示范社，其中行业示范社 21 家。2016 年，贵州全省育苗、分级环节实现专业化服务全覆盖，机耕深翻、起垄、烘烤专业化服务率达到 50%左右，合作社总收入 7.9 亿元，有 117 个合作社盈利，盈余总额 4 256 万元，平均盈余

36.4万元。

近十年来，贵州烟草人边实践、边研究、边完善，解决了烟农专业合作社建设中的一些关键性问题，烟农专业合作社从无到有，从种植型到服务型、从单一服务型到综合服务型，从一村、一乡一社到“一基一社”，从作用不明显到作用明显，基本形成了山区“种植在户、服务在社”的烟叶生产组织形式、“一基一社、综合服务”的合作社建设模式、“片区管理、网格实施”的专业服务模式，“一专多能、执证上岗”的队伍建设模式，“统一经营、分队核算”的经营模式，“公司十合作社十职业烟农”的烟叶产业化经营模式初步成型，对烟叶稳定发展、烟叶生产减工降本、现代烟草农业的深入推进起到了压舱石的作用，贵州全省户均规模从2007年合作社建设之前的7.7亩提高到2017年的19.5亩，全省亩均用工19.7个，较十年前下降十多个，烟农专业合作社已经成为了烟叶生产技术措施落实到位的推进器、烟农增收的提速器、产业健康发展的稳定器、行业提高现代管理水平的助力器，推动了贵州规模化、职业化、专业化为主要特征的现代烟叶生产方式形成，引领了全国烟农专业合作社发展。

当前，在烟叶产业发展新形势和烟农增收的新要求下，烟农专业合作社亟待转型升级，进一步凸显平台作用、主体作用、支撑作用，不断优化建设模式、服务模式、管理模式，全面提升规范运行、队伍建设、专业服务、生产组织、经营管理、助农增收水平，为“做稳做精做强”贵州烟叶产业奠定坚实基础。为此，贵州省局（公司）组织人员编写了《烟农专业合作社转型升级100问》。本书秉持科学务实的态度，在梳理总结贵州烟农专业合作社发展经验、做法和借鉴兄弟省份经验的基础上，力求通过通俗易懂的语言对烟农专业合作社的相关建设要求和扶持政策进行解读，对新形势下烟农专业合作社转型升级过程中可能遇到的各种问题进行详细解答，内容丰富，指导性强，凝结了贵州广大烟农朋友、各级烟草干部职工的智慧和汗水。

由于水平有限，编写时间仓促，疏漏和不当之处在所难免，敬请批评指正。

编 者

2018年10月

目　录

组建实务篇

管理团队篇

运行机制篇

财务管理篇

专业服务篇

运营成效篇

职业烟农培育篇

附　录

形势政策篇

1. 烟草行业发展趋势对烟农专业合作社提出哪些新的要求？

当前，随着我国经济进入新常态，农业发展的内外部环境正在发生深刻变化。农业资源偏紧和生态环境恶化的制约日益突出，农业面源污染、耕地质量下降等问题凸显；农村劳动力大量转移，农业兼业化、农民老龄化、农村空心化问题突出；烟叶生产成本持续上涨，简单依靠烟叶提价增收的空间已十分有限，“在哪种烟”、“谁来种烟”、“怎么种烟”三大课题亟待破解。围绕经济发展新常态，行业发展新形势，对烟农专业合作社提出新的要求：

一是提升合作社服务能力。按照因地制宜、规模适度的原则，推动合作社建设，结合基地单元片区和服务环节，建设专业服务队，完善服务体系。在5个环节的专业服务的基础上，重点突出采烤一体化，重点突破“1＋N”的专业化采烤模式。加强合作社服务队伍培训，强化机耕、烘烤、分级技术能手建设与技能鉴定，提升合作社服务技能水平。二是提升合作社经营管理能力。加强人才队伍建设，建立合作社人才储备制度，推动能人治理。突出合作社市场主体地位，积极推动合作社利用基础设施，积极拓展非烟产业服务，提高设施资产回报率，增强合作社造血功能。三是狠抓合作社规范管理。理顺合作社组织结构，加强制度建设，推进民主管理；坚持普惠共享，科学合理定价，规范盈余分配，切实维护烟农利益；规范财务管理，完善会计科目，控制财务风险，落实财务公开；尊重合作社主体地位，依法依规指导，处理好社企关系；加强补贴资产和补贴资金监督管理，不断提高合作社建设指导水平，规范合作社运行管理。

2. 未来烟农专业合作社的发展方向是什么？

自2007年国家烟草专卖局开展合作社建设工作以来，各地结合实际情况积极探索、大胆实践、总结经验，最终确立了“种植在户，服务在社”的烟叶生产组织模式，形成以综合服务型烟农专业合作社为主体模式的建设格局，全省组建了129个烟农专业合作社，合作社的数量与质量有了大幅度提高，深度与广度有了明显拓展。未来，烟农专业合作社或将朝以下方向发展：

(1) 同区域内的合作社开展联合与合作，成立烟农专业合作社联合社。从大农业领域来看，合作社联合社是合作社发展到一定阶段的必然产物。出于进一步提高市场竞争力、促进产销衔接、降低交易费用及合作社风险等目的，合作社逐渐走向联合。联合的类型既包括同产业之间的横向联合，也包括产业链上的纵向联合。由于烟草行业的特殊性，烟农专业合作社主要在横向上开展联合。烟农专业合作社组建联合社的主要目的旨在通过有效整合各生产要素增强服务能力、降低组织成本及风险、提高运行效率，从而形成市场竞争优势。

（2）逐步变为烟叶生产技术示范与推广的重要载体。依托烟农专业合作社开展烟叶生产技术推广服务，具有其他社会化服务组织所没有的优势。首先，烟农专业合作社社员构成一般具有较高的同质性，因此在进行烟叶生产技术推广时，目标群体相对来说也更为集中，这样可以有效降低烟叶生产技术推广的成本；其次，烟农不仅是烟农专业合作社的所有者，同时也是烟叶生产技术服务的推广者和使用者。依托烟农专业合作社进行烟叶生产技术推广，能让烟农更直观地感受到效果、更快接受新技术，从而提高烟叶生产技术推广的效率与质量。

（3）发展成为新型烟农的“孵化器”。现代烟草农业的发展需要大批有文化、懂技术、会经营的新型烟农。基于目前烟农普遍年龄偏大、文化素质较低的事实，培养新型烟农将成为未来烟农专业合作社的一项重要工作。烟农专业合作社是烟农自己的组织，以烟农专业合作社作为烟农培训的主体组织，把课堂办到田间地块，并结合烟草行业自身特点，使培训更具有针对性和专业性，能起到较好的培训效果。

(4) 有效的组织烟农。引导建立以市场为导向的土地流转定价机制，建立互通互联、流程统一、操作规范的土地流转平台，组织烟农流转土地，提高规模化种植水平。

3. 贵州山区特殊的资源禀赋对烟农专业合作社有何影响？

山区特殊的资源禀赋使得贵州省烟农专业合作社的发展方式不同于其他省市。总的来说，其对烟农专业合作社的影响包括积极影响和消极影响两个方面。

(1) 积极影响。贵州省是全国第二大烟区，具备生产优质烟叶的土壤、气候、地形条件，省内丰富的煤炭资源也满足了烟叶可持续发展的需要。贵州省规模化种植水平较高，近年来贵州在烟区土地流转、种植主体培育等方面做了大量的工作，烟农户均种植规模明显提高。贵州大力抓现代烟草农业建设，综合设施配套日益完善，土地连片面积、烟田集中度明显提高，专业化服务条件都比较完备。省委、省政府实施“开放型后发赶超”战略的决策部署，大力发展经济，农村劳动力大量转移，农业兼业化、农民老龄化、农村空心化问题突出，通过烟农专业合作社进行规模化种植，开展专业化服务的需求愈发迫切。上述条件对于发展烟农专业合作社都是十分有利的。

(2) 消极影响。首先，贵州省属于山地烟区，受烟田分布比较零散、烟农户居住不集中、生产交通条件不便利、机械化生产比较落后等因素影响，加之土地流转的政策、机制、制度、模式还不尽完善，烟农的种植规模不易扩大，影响了烟叶规模化种植水平，机耕服务不易开展。因工业化发展、城镇化建设、农村产业结构调整、烟叶种植计划调减等因素，导致烟区转移和烟田布局调整加快，特色、高效农业产业加快发展，农业产出率提高，种烟比较效益下降，导致其他作物与烟叶争地趋势凸显。以烟为主的耕作制度未能真正建立，清洁生产、GAP管理落实不到位，病害加重。化肥施用逐年增加，基本烟田用养失衡，生产力下降。化肥、农药、农地膜、包装物料等对土壤污染日趋严重。烟农综合素质不高，对现代生产技术、管理理念与组织方式的掌握和运用能力弱，制约烟叶生产组织化程度的提高。这些因素制约贵州烟农合作社的发展。

4. 目前适用于烟农专业合作社示范社建设的政策文件有哪些？

开展示范社建设行动是提高合作社建设水平和质量、促进合作社健康有序发展的有效途径。通过创建农民专业合作社示范社，可以发挥“以点带面”的作用，对于推动更多的农民专业合作社不断规范化、标准化、品牌化发展具有积极意义。党和国家一直高度重视农民专业合作社示范社的建设问题，并连续出台了多个文件，具体如下：

（1）2009年中央1号文件提出“加快发展农民专业合作社，开展示范社建设行动”；

（2）2009年农业部等11部委联合印发《关于开展农民专业合作社示范社建设行动的意见》，明确了示范社建设行动的指导思想、主要目标和主要内容；

（3）2010年中央1号文件指出要“大力发展农民专业合作社，深入推进示范社建设行动，对服务能力强、民主管理好的合作社给予补助”；

（4）2010年农业部颁发《农民专业合作社示范社创建标准（试行）》，对农民专业合作社示范社的创建工作提出了具体明确的要求；

（5）2012年中央1号文件再次强调“加大支持力度，加强辅导服务，推进示范社建设行动，促进农民专业合作社规范运行”；

（6）2013年中央1号文件要求“实行部门联合评定示范社机制，分级建立示范社名录，把示范社作为政策扶持重点”；

（7）2014年农业部等九部委出台的《关于引导和促进农民合作社规范发展的意见》中提出要“突出示范引领”，旨在通过示范社建设行动引导带动农民合作社的规范发展；

（8）2015 年中央 1 号文件中则再次提到要“引导农民专业合作社拓宽服务领域，促进规范发展，实行年度报告公示制度，深入推进示范社创建行动”。

就烟草行业而言，同样出台了一系列关于建设烟农专业合作社示范社的文件，包括《国家烟草专卖局关于加快推进综合服务型烟农专业合作社发展的指导意见》（2012）、《烟农专业合作社行业示范社评定办法》（2013）等。

5. 什么是烟农专业合作社示范社？

2013 年的中共中央 1 号文件中提出，要创新农业生产经营体制，稳步提高农民组织化程度。为贯彻落实中央 1 号文件精神，创新农业生产经营体制，培育新型农业经营主体，提高烟农组织化程度，加快推进烟农专业合作社建设，3 月 19 日，中国国家烟草专卖局印发通知，在全行业开展 2013 年综合服务型烟农专业合作社行业示范社创建工作。在产区认真筛选上报的基础上，经国家局审核，确定了云南祥云城川、贵州余庆江北、四川南阁惠民、湖南宁乡金醇、福建建阳莒口联友等 91 家烟农专业合作社为 2013 年创建的行业示范社，最终评定了 75 家烟农专业合作社行业示范社，贵州省有贵州余庆江北等 11 家烟农专业合作社被评定为行业示范社。

行业示范社打造按照《中华人民共和国农民专业合作

社法》及《国家烟草专卖局关于加快推进综合服务型烟农专业合作社发展的指导意见》要求，实现模式、制度、机制、拓展、创新、效益的示范效果。要通过树立一批行业示范社建设与发展先进典型，在各烟叶产区形成可复制、可推广的烟农专业合作社建设模式。

6. 为什么要引导和促进烟农专业合作社示范社的创建？

首先，烟农专业合作社示范社是烟农专业合作社发展到一定阶段的客观要求。经过多年的实践与探索，烟农专业合作社的建设模式已日趋成熟，其数量与规模均达到一定水平，并逐渐呈现出由数量规模型逐步向质量效益型转变的趋势。从这一点看，开展烟农专业合作社示范社创建工作是基于烟农专业合作社未来发展的现实考虑。

其次，开展烟农专业合作社示范社建设活动，有利于总结典型经验、扩大示范效应，在各烟叶产区形成可复制、可推广的烟农专业合作社建设模式。目前，许多烟农专业合作社仍存在内部管理不规范、经济实力较弱、市场竞争力不强、带动烟农能力有限等问题，但如何解决这些问题，究竟什么样的烟农专业合作社才是规范化和上水平的，各产区的烟农专业合作社负责人尚未有一个清楚的思路。通过烟农专业合作社示范社创建工作，不仅可以树立一批可学可比的典型，同时也为其他烟农专业合作社指明发展方向、提供有益参考。

再次，引导和促进烟农专业合作社示范社的创建，有利于提高一些先进示范社的积极性，通过创建找问题、促提升。

7. 创建烟农专业合作社示范社与烟农专业合作社规范化建设的关系？

农业部等九部委在《关于开展农民专业合作社示范社建设行动的意见》中，对农民专业合作社示范社提出了“规范化、标准化、品牌化”的要求。由此可知，规范化建设是烟农专业合作社成为示范社的首要基础，是示范社创建工作的重要内容。同时，创建示范社则是国家烟草专卖局在烟农专业合作社规范化建设基础上向烟农专业合作社提出的更高要求。

烟农专业合作社规范化是创建示范社的基础，创建示范社反过来可以促进规范化的提升。一方面，烟农专业合作社规范化建设工作的有序顺利开展，为烟农专业合作社示范社创建打牢基础，做好铺垫；另一方面，烟农专业合作社示范社是促进烟农专业合作社规范化建设的有力举措，通过创建烟农专业合作社示范社扩大示范效应，将有力推动烟农专业合作社的规范化快速发展。

8. 申请烟农专业合作社示范社应具备哪些基本条件？

根据国家烟草专卖局《烟农专业合作社行业示范社评定办法》，申请评定的合作社应具备以下条件：

（1）法人主体明确。依法注册登记，营业执照、组织机构代码证、税务登记证三证齐全，有独立银行账户，有固定的办公室场所，正常经营两年以上。合作社成员（代表）大会、理事会、监事会三会制度健全，实行理事会领导下的经理负责制。

（2）规章制度完善。有规范完善的《合作社章程》，完善民主议事、内部管理、成员联系、盈余分配等规章制度，做到管理民主、资产清晰、职责明确、社务公开等。

（3）财务管理规范。严格按照农民专业合作社财务会计制度，实行独立的财务管理和会计核算，规范建账，并设立成员账户，账目清晰、档案完备。

（4）基础设施配套。育苗工场、集群烤房（烘烤工场）、农机具、分级设施等配套完善，合作社依托配套设施设备开展专业化服务和功能拓展。

（5）服务体系完备。在基地单元内，按环节分片区组建专业服务队，建立标准业务流程、规范专业操作，健全服务质量评价体系，服务所在基地单元，基本实现一基一社。

9. 烟农专业合作社示范社的评选包括哪些程序?

烟农专业合作社示范社的评选遵循“逐级评审、分级负责”的原则，按照初审、评审、评定的程序进行。综合评分 80 分以上为合格，90 分以上为优秀。

(1) 初审。由符合条件的评定对象，向所属地市级公司提报行业示范社初审申请；地市级公司根据评定内容，进行现场察看，审核材料，于次年元月 30 日之前完成初审；初审合格的，报请省级局（公司）进行评审。

(2) 评审。省级局（公司）建立 30 名以上的评审专家库，并从中抽取 7 名以上专家成立评审组，根据评定内容，逐一进行现场察看，审核材料，于次年 3 月 30 日之前完成评审；形成评审合格或优秀的评审意见，报请国家局评定。

(3) 评定。国家局于次年 5 月 30 日之前，成立行业示范社评定专家组，通过现场抽评和会议评议的方式，对省级局（公司）提报的评审意见，进行统一评定。最终评定结果为合格或优秀的，给予 10 万元扶持发展基金；并授予优秀合作社为“烟农专业合作社行业示范社”称号。

10. 烟农专业合作社与其他行业农民专业合作社的共同特征有哪些？

作为一种农民合作经济组织，烟农专业合作社与我国其他行业农民专业合作社具有共同的特征。

烟农专业合作社是一个具有法人地位的经营企业，有自己的名称、组织机构和场所，依法设立，并以自己的名义独立承担相应法律责任。其功能是组织社员联合进入市场，通过为社员提供产前、产中、产后全过程的服务，形成聚合的规模经济，从而节省生产经营成本，提高经营效率、增加社员收入。其次，烟农专业合作社是一个主要以烟农为社员组成的服务性社团组织，合作社是社员联合所有，社员民主控制，社员共同参与经营管理并受益的企业组织，一定区域内烟农共同联合组建合作社，体现了“技术、资金、设施设备与劳动力”的联合，有利于资源共享与互惠互利。再次，烟农专业合作社是由入社社员共同所有和民主控制的一种特殊企业组织形式，以为社员（烟农）提供生产经营全过程的专业化服务为宗旨，不以单纯营利为目的。合作社既是投资者（烟叶生产专业服务的需求者）的组织，同时也是惠顾者（地方政府、烟草商业企业或其他相关客户）的企业，入社社员（烟农）集所有者、受益者于一身，合作社既要满足社员服务需求，又要促进所在地区的经济社会发展，合作社是一个集营利性与非营利性于一体的企业。

11. 烟农专业合作社有别于大农业合作社的自身特征有哪些？

尽管烟农专业合作社与我国其他行业农民专业合作社具有共同的特征，又有别于其他行业农民专业合作社，有其自身的特殊性。

在我国，烟叶生产实行的是“计划种植、合同收购”政策，每年烟叶生产计划、烟叶销售市场由国家严格控制，烟农只需严格按计划种植，本身不存在产品销售的市场风险，生产的特殊性，加之烟草行业、各级地方政府对产业发展的扶持力度较大，因此，与其他行业的农民专业合作社或常规村集体经济组织比较，烟农专业合作社除具有一般农民合作经济组织的共性特征外，还具有自身的一些其他特点。

(1) 产生方式的特殊性。烟农专业合作社主要由烟草商业企业（县级烟草分公司及其所属基层站）指导组建，凡是签订烟叶种植收购合同的烟农均可自愿申请加入合作社，合作社实行民主管理，并规定理事会社员、社员代表须由种烟农户中产生，这是烟叶生产的特殊性决定的。一方面，烟草商业企业是集烟叶产供销为一体的企业，既是生产的组织者、又是产品的提供者，引导烟农组建合作社，有利于技术、生产设施、劳动力等资源的整合，确保生产的产品符合市场需求。另一方面，烟草商业企业直接面对烟农，并联系地方各级政府和相关职能部门，组织建立烟农专业合作社，有利于维护好每位烟农的合法利益，确保国家相关惠农政策的落实到位。

（2）服务设施的优越性。烟农专业合作社主要功能是组织人员在技术要求繁杂、生产劳动强度大的育苗、整地、植保、烘烤、分级等环节为社员提供专业化服务，合作社开展服务所需场地、设施设备基本上都是由烟草行业补贴投入建设。为保障烟农利益，确保合作社不为少数人控制，国家烟草专卖局在组织制定的《烟农专业合作社建设指南》中明确规定了不允许社会资本和工商资本参股烟农专业合作社。

（3）服务项目的稳定性。从开展的业务类型看，烟农专业合作社属于综合服务型合作社，主要为社员提供烟叶生产先进实用技术的普及、推广，物资配送运输，烘烤用燃煤的统购，烟叶基础设施的管护等专业化服务。在烟叶生产各环节，合作社负责社员所需各项专业服务的统一组织、服务与管理，且提供服务的人员多数为入社烟农。在合作社中，入社烟农是烟叶生产的经营主体，独自享有土地、烟叶生产与交售计划等资源，生产经营自主决策、自主管理，并独自承担风险。

（4）服务价格的普惠性。从资产控制看，烟农专业合作社所掌控的资产基本上都是由烟草、财政补贴投入建设的可经营性资产，以及烟草行业或地方政府赠予的办公场所、办公设施等固定资产，合作社配置的少量资产也是来源于为烟农提供服务所收取的经营费用中提取的公积金形成，不是由某个或某几人出资购置，因此，烟农专业合作社掌控的资产具有不可分割性，合作社没有资产处置权，只有经营权和管理权，资产收益权属全体种烟农户共同拥有。考虑到因种烟农户年度间的变化会带来入社社员的变化，在《烟农专业合作社建设指南》中，规定了合作社要将可经营资产产权按年度合同种植计划量化到每户烟农，防止资产被少数人占有利用或被分割流失，以确保这些可经营性资产为多数人掌控，持续长久发挥效益，体现普惠共享。

（5）服务规模的广域性。从组织规模看，烟农专业合作社为跨区域性农民专业合作组织，覆盖范围至少在一个村以上，多的达几个乡镇，入社社员数量一般在 200 名以上，多的有 1 000 多名。这有别于覆盖范围仅包括 1 至几个村组、社员多为几十名的其他种植业或养殖业的合作社。烟农专业合作社覆盖范围广、社员数量多的特点是与烟叶生产的区域布局和组织管理密不可分的。一方面，烟叶生产组织管理的最小单位是基层站或收购线，按照国家烟草专卖局《烟叶收购站（线）设置规范》和《现代烟草农业基地单元建设规范》相关要求，一个现代烟草农业基地单元年产能 5 万担左右、面积 1.7 万亩*，每条收购线收购量 1 万担以上，同一个管理区域组建多个合作社，不仅不利于技术管理力量、设施设备与劳动力等资源的高效整合利

* 1 担=50 千克，1 亩=1/15 公顷。

用，同时由于各合作社之间资源的不均会导致服务水平、服务能力的差异，导致国家相关扶持与投入政策不能实现普惠共享，这不利于烟叶产业的发展。另一方面，烟农专业合作社主要是为社员提供专业服务，讲究的是服务成本最小化，没有规模就很难实现集约经营，造成资源浪费。

12. 烟草公司扶持指导烟农专业合作社的注意事项有哪些？

据国家烟草专卖局统计，随着我国烟农专业合作社的快速发展，2015 年，全国各级烟草部门转交给烟农专业合作社管理的可经营性资产达 124.5 亿元，社均 3 100 万元，每年对烟农专业合作社开展的专业化服务补贴金额 10 亿元以上。如何理顺烟草企业与合作社的关系，如何对这些投入进行有效监督管理，使这些补贴投入更好地发挥效益，真正实现“普惠制、广受益”，更好地服务于烟叶生产，显得尤为重要。烟草公司扶持指导烟农专业合作社的时候，要注意以下事项。

(1) 依法依规扶持指导。依据农民专业合作社法、烟草专卖法，按照烟草专卖行政管理和烟草龙头企业带动相关职能，烟草公司对烟农专业合作社有指导、扶持和服务的权利和义务。烟草部门要严格按照国家法律、农业部和财政部等部委制定的政策规定以及地方政府出台的实施意见，依法依规制定相关的扶持政策和指导意见，做到有法可依、有据可循。

(2) 尊重合作社主体地位。烟草公司与烟农是平等的合作关系，烟草公司与合作社是平等的法人主体，要维护烟农及烟农专业合作社的主体地位，尊重合作社的自主经营权，引导烟农组建和参与合作社，但不能强迫烟农参与，违背烟农意愿；同时，烟草公司可引导和指导合作社开展生产经营和专业化服务，但不能干预、包办和代替，坚决防止过度参与，更不能越俎代庖。

(3) 强化合同契约关系。烟草公司与烟农专业合作社的关系，其核心是由于财产转移而形成的合同关系，因此需要通过合同约定双方的权利和义务，明确违约责任。一是以合同约定烟叶基础设施建设补贴形成的财产转移关系。设施直接移交给合作社的，要与合作社签订协议，约定设施的使用、管护和处置方式。设施移交给村委会后转交给合作社使用的，烟草公司要与村委会签订移交协议，村委会要与合作社签订使用协议。二是以合同约定生产投入补贴方式。合作社要与烟农签订专业化服务合同，合同中明确烟农在享受到合作社提供的优质成本价服务后，委托烟草公司将专业化服务补贴直接补贴给合作社，作为烟农支付合作社提供专业化服务的部分费用。烟草公司要与合作社签订专业化服务协议，约定合作社对烟农提供服务的时限、内容、数量、质量。

(4) 科学引导分类扶持。烟草行业对烟农的补贴应坚持普惠制，不得设置附加条件，无论烟农入社还是不入社，无论是自我服务还是社会化服务，均应按照补贴标准进行补贴。对烟农专业合作社实施分类扶持，引导合作社按烟草公司所期望的方向发展。烟草公司应建立合作社评价体系，对“以烟为主、综合服务，产权关系明晰、设施管护良好，章程制度完善、财务管理规范，服务定价科学、盈余分配合理，服务水平高、运行效果好”的合作社优先进行重点扶持。

（5）理顺用工关系。烟农专业合作社是烟农自己的组织，烟草公司不能是合作社的社员，合作社理事、监事、理事长、监事长是社员（代表）大会选举产生，不是烟草公司指派的，因此，烟草公司职工不得任合作社理事、监事、理事长、监事长。烟草公司作为国有企业，其员工尽量不接受合作社聘用担任执行经理或财务管理人员。若合作社确需聘用烟草公司员工在合作社中任职或兼职的，其劳动关系在烟草公司，则不应在合作社领取报酬。合作社聘用的管理人员、专业化服务人员，劳动关系应归属合作社。一些地方通过协议委派、用工委派方式，将烟叶生产技术指导交给合作社来做，烟草公司应给予合作社相应的费用，委派人员劳动关系应归属合作社。

13. 烟草公司扶持指导烟农专业合作社的具体措施有哪些？

（1）以现代设施装备烟农专业合作社。继续加大烟叶基础设施建设资金投入力度，要优先安排基地单元的基础设施建设项目，实现综合配套，提升烟农专业合作社装备水平。1个烟农专业合作社应至少配套以下服务设施：经营设施包括固定办公场所、办公设备、库房、信息化设施等；育苗工场包括育苗棚及配套育苗机械，育苗棚采用钢架结构，以棚群方式建设，单个育苗点育苗供苗面积不少于3 000亩，便于集中管理，集约经营，配套装盘播种一体作业机械与剪叶机械，按每台覆盖2 000亩左右配套；烘烤工场包括密集烤房及附属设施，烘烤设施采取群建方式建设，每处烤房群烤房数量至少5座以上，一般群建烤房数量达50座以上的烤房群需配套燃煤、烤后烟叶存放场所及相应生活服务设施；田间作业机具满足开展深耕起垄、施肥覆膜、植保喷雾、拔秆、井窖制作、中耕培土等方面作业服务所需的机具以及农机停放场所，以深耕起垄等适用机械为主。育苗工场、烘烤工场要以协议形式全部移交烟农专业合作社进行管理，已承包给他人的要重新收回，统一移交合作社进行管理。农机设备要以烟农专业合作社为主进行统一购置和补贴。为烟农专业合作社配备简易办公场所和办公设备。

（2）以服务补贴提高烟农专业合作社专业化服务能力。烟草行业专业化服务补贴要与烟农专业合作社建设进度和建设水平挂钩，根据烟农与合作社的实际交易量确定补贴金额，促进合作社健康发展。专业化服务补贴包括育苗、机耕、植保、烘烤、分级、技术推广项目、物资配送等。

(3)用人才引进培养提升烟农专业合作社自身建设。鼓励烟农专业合作社聘用烟农辅导员，领办合作社，解决能人缺乏的问题。支持烟农专业合作社承担烟农辅导员聘用管理、实用技术推广、物资配送等工作。加强合作社人才培养，建立人才培训长效机制，多种途径、多种措施，培养一批以理事长、经理为主的合作社经营管理能手、以会计为主的理财能手、以专业服务人员为主的技术能手，加强合作社自身建设。

(4)用项目建设增加烟农专业合作社收入。鼓励和支持烟农专业合作社承担烟草公司科技推广、创建科技示范园区、标准化生产示范基地、土地整理等项目建设。协助合作社争取国家和各地方人民政府支持的农业农村经济发展涉农项目，拓宽合作社经营范围和增收渠道。

(5)用示范社建设推动烟农专业合作社发展。大力开展烟农专业合作社示范社建设行动，着力培育一批制度健全、运行规范、设施完备、效益良好、服务能力强、辐射带动效果明显的烟农专业合作社示范社。各级烟草公司每年应评选一定数量优秀示范社，并给予一定的奖励，协调各级农业主管部门把烟农专业合作社列入当地的示范合作社建设计划和各类评奖评优活动序列中，通过示范带动，引领和推动农民专业合作社发展。

组建实务篇

14. 应该怎样选择烟农专业合作社的领办模式？

当前烟农专业合作社主要由两种领办模式：一是“烟草搭台、烟草唱戏、烟农看戏”模式，这种模式主要表现为烟草公司在合作社创办与日程管理中起主导作用，作为社长的农村能人主要协助烟草公司开展各种合作社日常管理工作，广大烟农参与度低。这种模式发展起来的合作社，在制度建设、组织架构方面都很“像”合作社，但是由于缺乏烟农的实际参与，内生机制差，一旦脱离行业扶持，很难生存下来。二是“烟草搭台、能人唱戏、烟农看戏”，主要是在烟草公司的引导和帮助下，由本地烟农骨干、村委会成员、离退休干部等作为合作社发起人领办合作社。在办社过程中，烟草公司积极参与制定章程和各种管理制度，日程运作主要由能人负责，这些能人也有较大的自主权。农村能人作为发起人，往往出于逐利的要求，在合作社建设中投入了较高的现金出资，希冀通过多种经营、煤价包干等方式来获取资本回报，这种发展模式相对比较符合“民办、民管、民收益”的合作社发展要求，也是比较有生命力的。在合作社的发展过程中，建议采用“烟草搭台、能人唱戏、烟农看戏”的领班模式，同时要扩大服务面、拓展服务内容；提升合作社组织能力，积极引导、加大扶持，加快建立以合作社为平台的土地流转机制，增强合作社有效掌控可经营性资产的能力，将行业补贴形成的育苗工场、集群烤房、农机具逐步交给合作社，实现设施装备的科学调配、合理利用、有效管护；提升合作社发展能力，加强人才队伍建设，建立合作社人才储备制度，推动能人治理；积极推动合作社利用基础设施，开展多种经营，积极探索农超对接、联社经营、订单生产、定点销售等，增强合作社造血功能。

15. 烟农专业合作社怎样确定发展目标和制定发展规划？

一般来说，烟农专业合作社的发展目标应包括经济和社会两个方面。其中经济目标以为成员提供劳务、技术、信息、生产资料购买以及资金等服务为手段，促进成员生产的发展，提高成员的经济收入。社会目标是在经济目标的基础上，追求合作社的理念和价值，实现社会公正与共同致富，这是合作社的可贵特质。烟农从合作社切实可行的发展目标中，可以看到兴办烟农专业合作社给自己带来的好处，才会考虑是否加入合作社。

烟农专业合作社在确定发展目标和制定发展规划时，不能凭一时的热情和主观愿望来确定，而是需要进行可行性分析，从实际出发，根据各种外部经济环境条件、成员需要和发展的可能等因素来确定。烟农专业合作社的互助性特点，决定了它的发展目标和发展规划必须由成员来共同确定。

16. 烟农专业合作社怎样开展联合与合作？

同区域内的合作社开展联合与合作是烟农专业合作社发展的必然趋势。由于烟草行业的特殊性，烟农专业合作社主要在横向上开展联合。通过组建烟农专业合作社联合社，有利于各生产要素的有效整合，增强服务能力、降低组织成本及风险、提高运行效率，从而形成市场竞争优势。目前，烟农专业合作社成立联合社可采取两种方式：

（1）自上而下设立分社或分支机构。《农民专业合作社登记管理条例》规定：“农民专业合作社可以设立分支机构，并比照本条例有关农民专业合作社登记的规定，向分支机构所在地登记机关申请办理登记。农民专业合作社分支机构不具有法人资格。”合作社对其分支机构的债权债务承担责任，这些分支机构接受合作社的管理，使合作社在业务运营上能够实现规模效益。事实上，烟农专业合作社可以作为分支机构，以加盟的形式形成由上一级合作社负责统一管理的联合社。

（2）自下而上成立联合社。由一个烟农专业合作社联合同区域内的其他烟农专业合作社组建联合社，联合社通过向所有成员统一购买生产物资、统一进行技术指导、统一病虫害防治从而实现对烟叶质量和专业化服务质量的严格控制，对外形成市场竞争优势。目前，部分省市已开展农民专业合作社联合社的注册登记。

烟农专业合作社还可以与就近的其他合作社合作，解决烟农合作社多元化经营中销售渠道不通畅、技术落后等问题。比如，目前有些烟农合作社和蔬菜合作社、瓜果合作社合作，烟农合作社提供设施、人员、日常管理，而其他合作社提供技术、销路等，从而可以实现共赢，也可以为合作社多元化经营积累经验。

17. 发展烟农专业合作社联合社应注意哪些问题？

发展烟农专业合作社联合社可通过“自上而下”和“自下而上”两种形式组建，并没有固定的模式，关键在于合作社是否存在联合的需求。目前，山东等地已逐渐开始发展烟农专业合作社联合社，大部分采取的都是自下而上的模式，即随着烟农专业合作社数量逐渐增多，合作社感到有联合的必要时才共同组建联合社。

联合社的运行应坚持独立、自治、民主的合作精神。

组建联合社的目的不是替代而是服务各基层合作社，联合社的工作应是对基层合作社进行指导，包括法律、财务等事务以及合作教育和培训等方面，不应干预基层合作社的业务，从而保证各基层合作社的独立和自治，此外，在联合社领导的选举、决策、控制等环节，要坚持民主管理，必须通过科学、公正、公开的民主选举产生。联合社的内部组织结构设计也要科学，既要发挥联合社现有组织的优势，也要根据环境的变化不断创新组织模式。

联合社还应不断提高服务能力，增强联合社的吸引力。联合社除了开展烟叶生产物资供应、田间管理技术服务外，还要不断扩大服务范围，增强为基层烟农专业合作社服务的能力。联合社可根据需要开展信息咨询、担保贷款、内部资金互助、互助保险以及与政府等有关部门沟通的服务。

但是，合作社并不是越大越好，联合社的设立首先要便于工作的开展，而不是一味的求大，把几个合作社联合在一起。

18. 烟农专业合作社如何申请建立党支部？

为进一步增强合作社凝聚力，规范管理，烟农专业合作社可向上级党委申请建立合作社党支部，通过党支部的成立，充分发挥基层党组织的战斗堡垒作用，为合作社发展注入新的活力，引导合作社做大做强，带领更多群众致富。

《中国共产党党章》规定："企业、农村、机关、学校、科研院所、街道、人民解放军连队和其他基层单位，凡是有正式党员 3 人以上的，都应当成立党的基层组织。党的基层组织，根据工作需要和党员人数，经上级党组织批准，分别设立党的基层委员会、总支部委员会、支部委员会。"

烟农专业合作社有正式党员 3 人以上不足 50 人可申请建立党支部，其一般程序为：

（1）向上级党委写出建立党支部的请示。请示的内容包括：建制单位的工作性质、人员数量等简要情况；现有正式党员、预备党员的数量，建立党支部的依据和理由；所建党支部的性质；党支部委员会组成人数和委员设置方案等。

（2）上级党组织批准建立党支部以后，应召开支部党员大会，以无记名投票方式差额选举产生支部委员会。

（3）召开党支部委员会，等额提名或直接选举产生党支部书记、副书记，并对委员进行分工。

（4）向上级党委写出党支部委员会组成的请示。请示的主要内容包括：选举支部委员会的依据；支部党员大会进行选举的简要情况，包括时间、出席大会的党员情况、候选人名额与应选人名额差额情况、选举结果等；党支部委员会选举书记、副书记的情况以及党支部委员的分工情况。

（5）待上级党组织批复后。烟农专业合作社党支部正式成立，支部委员会开始工作，履行自己职责。

管理团队篇

19. 怎样理解烟农专业合作社示范社要求的“决策与经营分离”?

《烟农专业合作社行业示范社评定办法》中明确指出:“推行决策与经营分离,理事会负责资产管理、服务定价、盈余分配以及大额支出等重大决策”、“经理脱产负责合作社日常经营”。

推行决策与经营分离,是在烟农专业合作社发展到一定规模、业务范围不断拓展的情况下,为了规范合作社的组织和行为,保护合作社与社员的合法权益,而采取的重大举措。所谓“决策”是指理事会根据合作社内外部的现有情况,及未来可能出现的前景,做出合作社发展方向的判断。而“经营”则是合作社经理根据一些科学的经营管理方法,带领经营团队共同去完成“决策”。因此,决策层和经营层各自的着眼点和思维方式是不一样的。如果决策层和经营层各自的工作量都很大,而两者仍然没有分离,将势必造成思维方式与工作方法的混乱。

决策与经营分离不是形同陌路,而是建立在合作之上的分工，其中合作是主旋律。通过推行决策与经营分离，能够大大提高合作社的决策水平与经营水平，从而使烟农专业合作社更积极地适应迎接未来的挑战。

20. 为什么要推行职业经理聘任制度？合作社经理应具备哪些素质？

目前，人才匮乏已成为制约我国农民专业合作社进一步发展的瓶颈。作为现代烟草农业建设的（平台）重要主体，烟农专业合作社的发展竞争需要大批高素质的经营管理人才。其中，职业经理人则是烟农专业合作社深入发展的必然产物和人才支撑。总的来说，当烟农专业合作社发展到一定程度，聘用职业经理人将成为大势所趋。反过来也意味着，职业经理人匮乏问题已经成为烟农专业合作社发展面临的主要问题。

合作社职业经理人，即专门从事合作社高层管理的中坚人才。首先应是居于组织的管理岗位、被赋予多重属性职能的职业。合作社与普通企业不同，普通企业追求的是企业利益最大化，而合作社则是以服务社员为宗旨，谋求全体社员的共同利益。因此，合作社职业经理人至少应具有六个方面的职业特质：①能够对合作社资源进行有效配置和综合控制；②能够协调社内的各种关系和矛盾；③能够领导社员增强合作社的凝聚力；④具有深刻的民主管理意识；⑤具有良好的职业道德、专业技能和经营才能；

⑥具备处理协调和政府、村委会以及其他农民组织的能力。这些特质应该适用于各类合作社职业经理人。

此外，烟农专业合作社经理人的职业属性还应包括四个方面：了解烟农、熟悉烟叶生产各环节、对烟草行业感兴趣、能够与基层烟站进行有效沟通与合作。这四个方面应该是烟农专业合作社经理人特有的职业属性。

21. 如何选拔聘用烟农专业合作社的经营管理人员？其分工与职责有哪些？

烟农专业合作社示范社的建设离不开一批高素质的经营管理队伍。为此，烟农专业合作社应积极探索加强合作社经营管理队伍建设的途径和方法，例如：

（1）改进烟农专业合作社经营管理者的选拔任用方式，逐步推行聘任制和竞争上岗，把选择经营管理人员的权力还给烟农专业合作社和市场；

（2）建立烟农专业合作社经营管理者信息库，对各类经营管理人才实行入库管理，建立业绩档案，全面记录经营业绩，定期向社会公布，充分发挥人才市场的作用；

（3）逐步实行烟农专业合作社经营管理者持证上岗制度，让经营管理者在市场的风浪中经受考验，不断成熟；

（4）对一部分素质较高、能力较强的烟农进行重点培养，将其吸引到合作社管理队伍中去，发挥其带动作用。

同时，还应明确各经营管理人员的具体分工与职责。根据《烟农专业合作社行业示范社评定办法》："经营管理人员原则上应设置6名，分工及职责明确，主要负责育苗、机耕、植保、烘烤、分级、功能拓展等业务（可兼岗），财务及综合管理"。

22. 烟农专业合作社成员代表大会与成员大会有什么区别？

成员代表大会，是由合作社成员代表组成的，代表全体成员对涉及合作社的一些或者某个重大事项作出决定的议事机构。《农民专业合作社法》第二十五条规定："农民专业合作社成员超过一百五十人的，可以按照章程规定设立成员代表大会。"由此可知，成员代表大会与成员大会是存在一定区别的。首先，成员大会的设立没有具体的人数限制，而设立成员代表大会的要求是合作社成员超过"一百五十人"；其次，成员大会是法定的合作社权力机构，而成员代表大会只是一个授权性的法律规定，不是必设的机构，是否设立该机构由合作社章程根据本合作社的实际情况决定；最后，成员大会与成员代表大会的职权也不尽相同，成员大会行使法律赋予的七项职权及章程规定的其他权力，而成员代表大会只能按照章程的规定行使成员大会的部分职权或者全部职权。

因此，无论是烟农专业合作社的设立者，还是合作社成员大会、成员代表大会，都要高度重视烟农专业合作社章程的制定。在烟农专业合作社运作之前，一定要将事先预料的情况在合作社章程中作出规定，运作过程中发现问题，应及时依照法律和章程作必要的修改。

23. 烟农专业合作社怎样充分发挥“三会”的职能作用？

目前，烟农专业合作社普遍存在“内卷化”的现象，即虽然具有合作社的制度形式，但却没有发挥合作社应有的功能。其中，“三会”制度空壳化是主要原因，也是烟农专业合作社其他很多问题的根源所在。主要表现为“三会”的职责分工不明晰，未能有效形成决策、执行、监督，相互协调和相互制衡的内控体系。为促进烟农专业合作社持续稳健发展，应使“三会”的职能作用得到充分发挥。

首先要理清“三会”的职责，严格规范操作。三会中成员（代表）大会是烟农专业合作社的最高权力机构，必须要有独立行使职权的常设机构，定期召开成员（代表）大会，做到还权于民，把涉及烟农专业合作社发展的重大问题交由社员讨论决定，充分吸收社员参与民主管理的好意见和建议，对社员提出的质疑和质询意见，做出报告和说明；理事会行使成员（代表）大会的决议，做好日常财务，行政等工作；监事会负责对理事会日常工作进行监督，协调合作社内部各部门，提高合作社运行效率。其中，成员（代表）大会的代表应从众多的社员中间民主选出并考虑其结构性和数量的合理，监事会和理事会的成员应没有近亲，不能相互兼职，以保证监事会的公正性。

其次，要充分发挥监事会的监督制衡作用，建立权力制衡机制。监事会与理事长是同级别权力机构，同样对社员大会负责，并不受后者制约，应矫正监事会自认言轻、位虚、权小的问题，改变监事会履职不到位的现状，解决监事会同级监督乏力和很难到位的矛盾，制定专门的监事会监督管理办法，自上而下地建立以监事会为核心的监督管理体制。建立监事会与理事会定期沟通机制，对理事会决议和经营班子管理的重大事项提出质询和监督意见，形成决策、执行、监督“三足鼎立”相互制衡，切实发挥“三会”的职能作用。

24. 烟农专业合作社应建立哪些管理制度？

建立健全各项管理制度是烟农专业合作社规范发展的关键，也是其成为示范社的前提条件。烟农专业合作社需要建立的管理制度包括以下几个方面：

(1) 人事管理制度。①管理人员管理制度。主要包括理事长职责、监事长职责、片区（分社）经理职责、专业服务队队长职责等的完善并上墙。②考勤制度。包括对“三会”会议的考勤、各类管理人员的考勤、专业队队员的考勤等。③薪酬管理制度。是合作社关于薪酬支付、薪酬水平、薪酬结构的规定或办法。④绩效考核制度。包括对理事会、监事会、经理、片区（分社）、专业队及其各类相关人员的绩效考核办法、程序、结果及其奖罚等。⑤社员管理制度。社员管理制度包括社员入社管理、社员权利、社员义务、社员退社管理等内容。⑥队员培训制度。队员培训制度包括培训计划、时间、地点、内容、范围、方式、要求等，通过培训，不断提高社员的科学文化素质，达到适应现代烟草农业发展之目的。

（2）资产管理制度。①产权管理制度。建立产权管理制度的目的在于加强合作社产权管理，强化产权意识，理顺烟草公司、烟农专业合作社及社员之间的产权关系。如由烟农专业合作社出资购置的设施设备，如办公房屋、办公用品、车辆、农机等，合作社享有占有、使用、收益和处置的权利。而由烟草补贴形成的育苗工场、密集烤房、农机具等资产，合作社只享有占有、使用、管护和收益的权利，烟草部门享有最终处置权。对于社员来说，享有的权利包括对合作社出资和公积金的所有权和收益权，对国家财政补助、烟草公司扶持和他人捐赠形成的财产货币化的所有权和受益权。②物资管理制度。应按规定建立固定资产台账，记录要清晰。至少每半年组织一次对财产物资清查盘点，确保账实相符。借用合作社物资，要及时填

“借用物资登记表”，经审批后方可使用，并按规定时间交回。主要资产管理制度包括基础设施管护制度、农机管理制度以及农机安全制度。

（3）财务管理制度。①建立健全会计制度。账簿设置要科学合理，记录要全，核算要规范。②建立健全现金及存款管理制度。严格执行《现金管理暂行条例》，不准白条抵库，不准坐支挪用，不准公款私存，库存现金不准超过规定限额。加强银行存款管理，定期对账。严格开支审批手续，对不合理支出，出纳员有权拒付。③建立健全会计档案制度。会计资料均应归档；建立会计档案室（柜），实行统一管理，专人负责，做到完整无缺、存放有序、方便查找。凡查阅、复制、摘录会计档案的，须经理事长批准。④实行财务会计报告制度。按照《农民专业合作社财务会计制度》规定，定期编制月度和年度财务会计报告。做到数字真实、计算准确、内容完整、说明清楚、报送及时。

（4）档案管理制度。应归档的资料：烟农专业合作社成立时的相关文件；政府和烟草公司等相关部门文件；章程、社员（代表）大会、理事会、监事会的议事记录；人事管理档案；财务管理及收益分配档案；日常经营管理档案，如经营活动、经营管理规章制度、合同、协议等；社员个人档案；总结报告等。有条件的合作社可建立档案室，其他的应妥善放置于橱柜中（一般放在财务室中）。

25. 烟农专业合作社理事会可以下设哪些内部管理机构？

关于烟农专业合作社内部管理机构的设置，要根据每个合作社的实际需要合理安排，并不做强制要求。对于规模较小、业务较少的合作社，一般由理事会直接负责日常的各项工作即可。但对于规模较大、业务内容较多的合作社，则需要在理事会下设立总经理及办公室、财务科、业务部、技术部等若干部门，专职负责管理组织的日常事务。

（1）办公室职责：①负责办公室相关规章制度的起草编写、一般性文书的整理汇编、资料信息收集编撰等文字工作；②负责合作社文书管理、图书管理、办公用品管理、会议管理、清洁卫生管理等工作，保证各项事务有序开展；③负责合作社档案的收集、整理和保管工作；④协调各部门之间的行政关系，为各部门工作开展提供相应的服务；⑤负责合作社对内、对外公共关系的维护和改善，做好来客接待和合作社的各项文化宣传等工作。

（2）财务科职责：①按财务会计制度，进行会计核算，认真做好记账、算账工作，搞好盈余决算和分配、兑现工作；②认真编制并严格执行财务计划、预算，遵守财务收支审批制度、费用开支范围和标准；③搞好经济合同的签订、执行和结算、兑现工作；④如实反映生产经营活动和经济运行情况，定期公布财务情况，及时编制会计、统计报表；⑤定期检查分析财务计划、预算的执行情况，挖掘增收节支潜力，考核资金使用效果，指出经营管理中存在的问题，及时提出改进意见；⑥妥善保管会计档案。

（3）业务部职责：①负责组建各专业服务队，与队员签订临时用工协议；②与烟农签订专业化服务协议；③组织开展育苗、机耕、植保、烘烤、分级、功能拓展等业务；④负责基础设施管护工作。

（4）技术部职责：①负责总结和推广烟叶生产的先进经验；②对专业服务队员进行服务培训及考核，参与专业化服务人员技能评级；③为烟农社员提供生产技术指导及咨询服务。

通过合理设置内部管理机构，可以使合作社保障流畅运转，取得较高的经济效益。

26. 烟农专业合作社怎样实现民主管理？

民主管理是合作社的本质规定性之一，同时也是合作社需要遵循的一项基本原则。不论是农业部制定的《农民专业合作社示范社创建标准（试行）》还是国家烟草专卖局出台的《烟农专业合作社行业示范社评定办法》都将民主管理视为评价农民专业合作社示范社的一项重要内容。因此，烟农专业合作社应始终将民主管理的思想贯穿于合作社的运行管理过程之中。

烟农专业合作社实现民主管理的关键在于做好民主监督，通过有效的民主监督来保证民主管理的顺利实施。首先应组建民主监督小组，其小组成员必须符合以下条件：

(1) 非理事会、监事会成员及经营管理人员的合作社社员；

(2) 政治思想较好、为人正直、热心为群众服务、甘于奉献；

(3) 具有良好的烟草种植经验，在合作社有较好的群众基础；

(4) 关心合作社发展，有一定经济头脑。

其次要明确民主监督小组的职责是：

(1) 对本社分配方案及重大事项的执行情况进行监督；

(2) 对社务公开、财务公开、资金审批等制度的执行进行监督；

(3) 对本社的财务收支情况进行监督，对财务收支票据，每季度进行一次审核，并盖上本合作社专用章，会计人员据此入账；

(4) 如实反映成员的意愿和要求。

最后，民主监督小组由成员（代表）大会选举产生，与理事会、监事会任期一致。民主监督小组至少每季度应召开一次会议，因工作需要，理事会提出召开的应随时召开。

27. 怎样加强烟农专业合作社的风险管理？

烟叶生产以叶片为最终收获物，是典型的风险产业。当前烟农专业合作社虽取得了一定成果，但整体实力仍较弱、内部管理不规范导致其承担风险的能力差。烟农为了增加收入，抵抗各种风险加入合作社，实质是将风险转移到合作社，风险本身没有消失，而合作社作为一种组织本身也存在风险。因此，应重视烟农专业合作社风险管理，帮助合作社尽快建立健全风险管理体系。

（1）加强风险教育。认识是行动的指南，有效的风险管理首先取决于行为主体对风险的认知程度。鉴于当前烟农专业合作社成员对风险认知较低的现实，要加强合作社成员，特别是管理者的风险教育，增强他们的危机感和忧患意识，使他们以未雨绸缪的态度看待合作社风险，建立健全风险管理体系，从容应对各种危机。

（2）加强基础设施建设。烟农专业合作社应积极争取政府和烟草公司的政策扶持（烟农专业合作社示范社可通过项目申报的形式获得发展基金），努力改善合作社专业化服务基础设施，提升物质技术装备水平，增强合作社的抗灾减灾能力，从而有效降低专业化服务成本和经营风险，提高合作社经营效益和社员收入。

（3）加快信息化建设。信息是烟农专业合作社生产经营决策的依据，也是进行风险管理的基础。烟农专业合作社受成员素质和占有资源的制约，难以及时收集完整的行业信息，需要行业加强信息化建设，提高烟业信息化水平，帮助烟农增强对自然灾害、市场变化等信息的预测预报能力，减少生产的盲目性，从而增加收入，减少损失。

（4）建立风险保障金账户。为降低单户烟农烟叶生产风险，充分体现“风险共担、效益分红”的合作理念，合作社专门为成员设立了风险保障金账户，在成员每年按烟叶生产面积自愿缴纳风险保障金的基础上，合作社还从烟草行业扶持金和成员公积金中提取一定比例配套至成员账户，并制定相应的风险保障金管理使用办法，在一定程度上分散和降低了烟叶生产风险，保障了烟农的种烟收益。

28. 烟农专业合作社如何开展培训？

烟农专业合作社是新时期提高烟农组织化程度的有效途径。在烟农专业合作社的建设和发展中，人是最重要的因素，人才尤其是优秀领军人才是合作社健康规范发展的重要支撑。农业部一直把人才培训作为推动合作社规范发展的重要抓手。因此，烟农专业合作社应重视对烟农、专业服务队员及合作社管理人员的培训。

（1）做好烟农的服务培训。烟农是烟叶生产的主体，其素质对烟叶生产的发展起着重要的作用。对烟农进行培训，有利于提高烟农的质量意识，使烟农认同标准，减少专业化服务纠纷。

（2）做好专业化服务队伍的培训工作。对专业化服务队伍的培训主要包括：①技术培训：培训、考核、录用；②纪律培训：合作社相关管理规定；③安全培训：明确各方的安全责任；④实操培训：掌握服务标准，提高服务水平。通过对专业化服务队伍进行培训，在烤烟生产的主要环节减低劳动强度、提高生产效益。

（3）做好管理队伍（合作社理事长、理事和管理人员）的管理培训，使管理者熟知标准，努力在合作社培养出熟悉合作社政策理论和管理运行的“带头人”、“明白人”，促进合作社健康快速发展。

烟农专业合作社在开展培训的过程中，首先应制定科学的培训方案，明确培训的目标和内容。开展培训时应做好培训人员签到工作和过程记录。在培训结束之后进行全面性的总结，分析培训存在的可取之处和不足之处，以便提高下次的培训水平。同时，应根据培训对象的年龄层次、文化水平和技能掌握程度采取科学的培训措施、运用科学的培训方法和技巧，使培训更具有针对性和重点性。

在烟农培训和专业化服务队伍培训时，可以邀请基地单元农艺主管、烘烤主管、质量主管等专业技术人员参与培训。培训要做到现场和理论相结合，理论培训尽量放到晚上。培训时尽量采用幻灯片，图文并茂。

29. 烟农专业合作社怎样开展文化建设?

合作社文化（也称合作社组织文化）是指反映合作社本质规定性的、为合作社成员普遍认可的一整套思维模式、认知系统、行为规范等，一般集中体现为合作社的组织使命和目标、价值观、组织原则等。它是微观的管理文化和组织文化，是合作社建设的软要素。烟农专业合作社通过开展文化建设，有利于提高社员满意度、增强团队凝聚力。

实践证明，任何发展势头强劲的合作社都有着强有力的合作社文化，尤其是当合作社的外部发展环境发生重大变化时，合作社在其长期形成的文化下均能适应环境而做出相应的改变。烟农专业合作社主要应从物质文化、制度文化和精神文化三个方面开展文化建设。其中，物质文化是烟农专业合作社文化的外在表现形式，主要包括合作社所提供的服务、服务环境设计、服务宣传与队伍设计、办公设施、徽章旗帜等。制度文化则是合作社文化的支柱，烟农专业合作社之所以能够持续发展，是由于其制度建设的继承性和创新性。合作社制度建设凝聚着其成员的科研智慧，体现着高度的民主性。而精神文化是烟农专业合作社文化的核心，集中反映在“自愿互助、平等互利”的合作社格言中，它是合作社生存、发展的精神支柱和重要条件。烟农合作社每年组织开展烘烤技能竞赛、分级技能竞赛等，开展烟农运动会。

30. 如何以精益生产的思想指导创建烟农专业合作社示范社？

精益生产是衍生自丰田生产方式的一种管理哲学，其本质是集约化、特点是精细化。烟叶精益生产就是以消灭浪费为核心，合理高效地得利用资源，控制投入成本，获得最大的生产效益。其主要目标是：提升品质、满足需求；改变粗放经营、减少浪费；控制用工和成本、提高效率；控制污染、保护生态。由于烟叶生产具有环节多、技术复杂、生产要素投入密集、产品质量要求高的特点。因此，有必要以精益生产的思想指导烟农专业合作社发展，达到减工降本、提质增效的目的。

烟农专业合作社开展精益生产的内容包括：

（1）“精确信息”是前提。按照生产的信息化、信息的有效性要求，系统采集烟叶生产基础信息，建立健全基本烟田、生产过程、烟叶质量等信息数据库，综合运用信息系统、信息技术等，促进信息资源互联互通，融合共享，实现组织生产、控制质量、减少浪费、保护生态的目标。

（2）“精良技术”是核心。按照技术的精益化、集成化、体系化要求，进一步深化和探索测土施肥、科学植保、优化结构、散叶烘烤等先进技术的精益化。同时加强烟田基础设施、育苗烘烤分级三个工场、农业机械化、基层站等建设，实现技术装备精益化。

(3)“精准作业”是关键。精准作业即工序化作业，在划定场所内以追求最为简便的工作程序、最优的作业流程、最小的生产投入为目标，对每一环节划分作业工序，按工序开展烟叶生产流程化作业。

(4)“精细管理”是保障。按照管理制度化、流程化、精细化要求，健全配套体系、工作制度、管理规范和评价体系等，细化岗位标准、过程控制和绩效评估，形成评价、改进、优化、提升的精进机制。

(5)“精干队伍”是支撑。要建立健全培训激励机制，综合运用视频、讲座、现场示范、经验交流等多种培训形式，加强宣传教育和技能培训，着力提高队员的组织化程度、服务意识和技能水平，提高专业化服务队伍的精益生产水平。

31. 烟农专业合作社应该怎样构建表格化运营管理体系？

所谓表格化运营管理体系，是采用系统思维的创新管理方法，通过运营体系建设，深入分析和辨识职能和职责的关系，杜绝职能分配的管理真空。运用流程控制的工作方法，规范职能运作，理顺业务流程，消灭管理“盲区”

和“死角”。以表格为载体，用表格化工作语言固化职能、优化流程、提高工作效率，实现管理创新。表格化运营管理体系是烟农专业合作社逐步实现规范化管理的有效途径。

总的来说，烟农专业合作社构建表格化运营管理体系的过程可分为三个步骤：

（1）**管理业务流程清理。**管理业务流程清理阶段是整个体系建设工作中的关键环节。该阶段的主要任务是完成管理业务流程清理及流程图编制。各级部门应系统梳理本部门职能分配，用体系的思维方式重新审视部门职能，并识别出所承担的业务职能及工作流程，编制本部门的相关业务流程图。然后以统一编号的形式规整所有业务流程，形成有机的管理业务流程图库。

（2）**管理业务流程表格设计。**表格化是落实管理规范化目标的载体，因此表格要体现制度的要求，把对流程的有效控制要求落实在表格上。同时表格设计要体现流程管理思想，内容简洁清晰完整，表格中有涉及指标和节点要求时，应进行明确量化的表述。最终以统一编号的形式规整所有类别的表格，形成有机的管理业务表格图库。

（3）**体系试行及固化总结。**在社内实施表格化运营管理模式，通过体系试运行，充分暴露管理缺位和漏洞问题，最终完成新体系的建设和自我完善过程，完成表格化运营管理体系建设的成果总结。建立合作社表格化运营管理体系，用表格化工作语言固化职能，优化流程，提高效率，最终实现合作社管理规范化的目标。

运行机制篇

32. 为什么烟农专业合作社需要建立绩效考核机制？

随着烟农专业合作社不断发展壮大，人力资源管理工作在提高员工的工作效率以及工作质量方面发挥着越来越重要的作用。绩效考核不仅是人力资源管理中最重要的环节之一，同时也是人力资源管理工作的主要考核标准。所谓绩效考核机制，是指以合作社既定的发展目标为基准，对员工过去的工作情况及取得的工作业绩进行评价的标准和方法。有效的绩效考核机制，能促进组织与个人的共同成长，对于提升合作社的竞争力具有极大的推动作用。

根据《综合服务型烟农专业合作社建设指南》第二十七条规定："烟农专业合作社应建立绩效考核机制，制定管理人员、专业服务队和服务人员的绩效考核办法和奖惩规定，依据服务数量和服务质量进行检查考核、兑现奖惩并保留检查考核记录"。

33. 烟农专业合作社怎样建立有效的绩效考核机制？

烟农专业合作社在建立绩效考核机制时，首先应该遵循以下几条原则：①一致性原则；②规范化和制度化原则；③全面评价原则；④可信度和准确性要求原则；⑤公开性原则；⑥客观性原则；⑦及时反馈原则。

建立绩效考核机制的步骤为：绩效计划→考核实施→核实检查→结果反馈。其中的重点步骤是绩效计划。

绩效计划是绩效管理过程的起点，也是整个绩效考核机制的基础。它包括：①进行工作分析，明确工作职责；②建立目标体系，进行目标分解落实；③制定切实可执行的考评体系。首先明确合作社的宗旨和目标，在此基础上对理事会、监事会、财务部门和各专业服务队的职能进行定位，并通过工作流程的分解明确岗位职责。然后是建立目标体系，将目标由上至下逐级分解，最终联系工作职责将目标落实到人，为监控和考核打下基础。最后根据职责和目标，针对各项具体工作建立评价指标，设定评价标准，形成切实可行的绩效考核体系。

绩效评价是一个持续的绩效沟通过程，具体实施包括自评和他评两个方面。其中自评由个人对照岗位职责、岗位要求、个人目标完成考核表。他评则是由直接主管如专业服务队队长，执行经理等在员工自评的基础上，对照绩效考评体系中的各项指标就员工的实际业绩和表现进行打分。员工若有疑义，可以找直接主管沟通，根据实际情况取得一致意见。最后由专人对数据进行处理分析，得出考核结果。

核实检查即对考核结果进行核实，检查效果，发现问题，及时纠正偏差。检查不仅是对目标管理的支持，同时也是绩效考核公正、客观的保证。

最后是考核结果的分析和反馈。在这一环节里可以了解合作社的发展现状，通过发现问题、解决问题来提升合作社，改进合作社当前的管理和服务模式，使合作社与员工都有所发展。

34. 烟农专业合作社怎样测算专业化服务成本？测算服务成本有什么要求？

烟叶生产的特性决定烟农专业合作社在开展育苗、机耕、植保、烘烤和分级等综合性服务时能显示优越性，但是，每个环节服务提供者和享受服务的烟农的范围和人数都不同，并且每个环节的服务对合作社盈余的贡献也不同。按公平原则，每个环节的服务都需要单独核算成本，并进行合理分配。

根据国家烟草专卖局制定的《烟农专业合作社行业示范社评定办法》，烟农专业合作社应在烟草公司指导下，分环节测算专业化服务成本，成本构成包括专业化服务费用（物资成本、用工成本、设备维护及合作社自购资产的折旧费用、队长收益等）、经营管理费用（经营管理人员薪酬、日常性支出），如有理事会与监事会成员参与负责相关专业化服务工作的，其误工补贴也应纳入专业化服务成本测算的范围。其中，测算服务成本要求必须结合当地实际情况，遵循实事求是的原则，调查研究、多方取证，并召开理事会确定。核定成本应真实准确，且不高于当地平均水平。

35. 烟农专业合作社如何建立科学的定价机制？

《烟农专业合作社行业示范社评定办法》提出应“在合作社成员参与下，合理确定服务价格，合作社服务价格高于成本10%左右，公示公开，成员认可”。

烟农专业合作社定价遵循“成本价或微利”原则，强调通过为烟农提供基于成本价或微利的服务，达到“减工降本、提质增效”的目的。但是对于“成本价”的界定国内至今认识不一，具体而言，定价机制中考虑的成本应该包括：一是物资成本，主要包括开展专业化服务需要消耗的物资设备、燃料、水以及机器折旧等，这些成本主要跟设施设备的利用与消耗有关；二是管理成本，主要指在服务开展、设施设备利用过程中消耗的人力资本，如服务队员的工资、专业队队长的管理成本、服务信息采集与运作过程中消耗的交通运输费用、通讯费用等；三是合作社的适当收益，包括合作社管理人员（包括职业经理人）工资、现金出资分红、公积金、奖励基金设置等。一般而言，国内烟农合作社在考虑成本时，大多只考虑物资成本与管理成本，而对于适当收益通常没有考虑在内，其实，在定价机制环节考虑合作社适当收益是大农业领域合作社通行的做法，并不违背合作社的本质原则。

其实，烟农对于服务价格的接受除了考虑成本，更多的是考虑与“市场价”或“上一年度价格”的比较，即使我们在定价上考虑了合作社适当收益，只要与市场价或上一年度价格有较明显的差异，烟农一样会欣然接受的。具体的价格比对如下：育苗环节，对于尚未全部商品化供苗的单元，比对价格是烟农自育的价格，在已经商品化供苗的单元，比对价格则主要是上一年度育苗价格；机耕环节，比对价格是大农业领域机耕价格或烟农自己耕作价格；植保环节，比对价格主要是农药价格市场价、自请劳动力市场价；烘烤环节，比对价格主要是烤烟用煤市场价、单炕（单斤*）烟农自烤测算价；分级环节，比对价格主要是烟农请工市场价。成本价的考虑范围界定在“（物资成本价+管理成本价）≤合作社定价<比对价格”都是合理的。

* 1斤=500克。

此外，在定价机制的实施上，很重要的一个问题就是内部价与外部价的区分，当前普遍存在的一个问题就是只要是烟农，不论是不是社员，一律按内部价，外部价一般都是针对非烟农，其实内部价与外部价的划分标准是社员与非社员，而不是烟农与非烟农，没有入社的烟农等同于非烟农，一律按市场价收取，如果烟农一律按内部价，那么烟农入社、交入社费也就没有任何必要了，烟农合作社是为烟农服务的，但是烟农有选择入社与不入社的权利，选择了不入社，当然也要承担起不入社的“额外损失”，其实这也就是合作社吸引烟农的地方，而不是强制性地要求烟农入社或者“被入社”。当然，这一措施得以推行的前提是：充分保证社员出入社的自主选择权，社员证的发放及时精确，服务费的收取以社员证为准。

36. 专业化服务协议的主要内容？

《烟农专业合作社行业示范社评定办法》要求：“合作社与烟农签订专业化服务协议，统一收取专业化服务费用，协议注明服务价格、数量、时间，作业质量要求，验收方式等内容”。

专业化服务协议属于劳务合同的范畴，即以劳动形式提供给社会的服务民事合同。由当事人各方在平等协商的情况下，就某一项劳务以及劳务成果所达成的协议。专业化服务协议是认定服务购买者与烟农专业合作社双方买卖关系成立的要件，同时协议的签订也是对双方的约束，双方都应当根据协议行使相应的权利，承担各自的义务，若违反了协议约定就得承担相应的责任。

就专业化服务协议的具体内容而言，应根据各项专业化服务的特点有针对性地提出。但总的来说，协议中都应包含以下几项主要内容：

①协议双方名称；②协议期限；③服务类型；④服务数量；⑤服务价格；⑥服务地点；⑦结算方式；⑧双方权利及义务；⑨违约责任等。

37. 专业化服务有哪些形式？如何选择有效的专业化服务形式？

烟农专业合作社在开展专业化服务时，可以根据实际情况选择社统队分或者是自主经营两种形式。所谓社统队分，是指合作社与专业队签订服务协议，约定服务单价和质量要求，合作社统一组织服务验收、收取烟农的服务费用后，按服务数量和服务质量发放专业队服务费用。而自主经营则是由合作社组建专业化服务队，实行员工制管理，统一组织实施专业化服务，统一服务收费标准和质量要求，统一分配业务，分环节按服务队核算成本费用。

根据不同服务环节及管理难度，灵活采取不同的专业化服务形式，对有一定盈余产生、管理容易、作业集中、特别是有行业补贴的育苗、分级、工场烘烤环节，建议采取自主经营的方式；对管理难度较大、作业分散的集群烤房烘烤、机耕、植保等环节则可采取服务承包的方式。

38. 为什么要建立技能人员库？烟农专业合作社应怎样配合烟草公司建立技能人员库？

由于种烟周期长、环节多、劳动量大，且烟叶生产用工量大的时间较为集中，烟农专业合作社无法妥善安置农闲时节的雇工，部分专业化服务人员往往会在农闲时节选择其他长期稳定的工作，从而容易造成技能人员短缺的问题。因此，烟农专业合作社有必要通过建立技能人员库，促进技能人员的合理配置，提高技能人员的利用效率，稳定技术人员梯队，从而增强合作社的核心竞争力和可持续发展能力。

《烟农专业合作社行业示范社评定办法》指出："合作社联合烟草公司，开展技术技能培训，建立并不断充实主要专业服务技能人员库（有翔实的培训记录和人员档案）"。由此可知，开展技术技能培训是建立技能人员库的首要工作。由烟草公司配备教学设施、资料与师资，在培训的过程中应详细记录培训的主要内容。在培训完成后，应对学员进行考核评级，并将考核通过的技能人员档案进行汇总形成技能人员库。烟农专业合作社应安排专人对技能人员库进行动态管理，及时更新技能人员库，从库中删除变动人员信息，随时补充新的信息到技能人员库，保证技能人员库信息的及时性和有效性。

39. 专业化服务临时用工协议的主要内容？

在开展专业化服务之前，根据《中华人民共和国劳动法》、《中华人民共和国劳动合同法》、《中华人民共和国劳动合同法实施条例》规定，烟农专业合作社应与专业服务队队员签订专业化服务临时用工协议，明确双方的权利义务和责任。由于各专业化服务环节的持续周期较短，且队员的流动性较大，因此专业化服务临时用工协议原则上是每年一签。用工协议中应包括以下主要内容：

①用人单位的名称、住所和法定代表人或者主要负责人；②劳动者的姓名、住址和居民身份证或者其他有效身份证件号码；③劳动合同期限；④工作内容和工作地点；⑤工作时间和休息休假；⑥劳动报酬；⑦社会保险；⑧劳动保护、劳动条件和职业危害防护；⑨法律、法规规定应当纳入劳动合同的其他事项。

劳动合同除前款规定的必备条款外，用人单位与劳动者可以约定试用期、培训、保守秘密、补充保险和福利待遇等其他事项。

40. 如何组建育苗专业队？

育苗环节是烟叶生产的起点，也是烟叶生产的重要环节，其成功与否事关整个烟叶工作的成败，因此，只有组建一支合格的育苗专业队，并进行严格规范高效的管理，才能保障育苗工作的有效开展。

（1）入队条件。应选择初中以上文化程度，有2年以上育苗工作经验，应选择年龄在18～50周岁，身体健康的人员，优先在合作社社员中产生。

（2）技能培训。每个育苗专业队员应接受县级烟草部门的专职培训，熟练掌握育苗技能，并在取得培训合格证后才能持证上岗。

（3）规章制度。育苗专业服务队要与每个队员签订服务协议，明确工作职责、服务内容、薪酬标准、监督管理措施和考核奖惩办法。

（4）人员配置。为便于服务和管理，每个育苗专业队设队长1名、副队长1名，队员若干，每个育苗工场至少配置1名消毒管理员专职负责育苗场地和设施的消毒工作。

（5）配套设施。应根据交通情况和服务面积，合理配备苗棚数量、配套剪叶机具等设施。

（6）福利保障。每年至少应对职工进行一次健康体检。编印安全知识手册，对员工进行有关如何避免危害和保护自身安全等方面教育，包括育苗工场内带电设备及机械设备的使用方法等。

（7）育苗管理。基地单元烟叶工作站根据种植计划与合作社签订育苗协议→合作社将育苗任务下达育苗专业队→未获上岗证的育苗专业队员送县级烟草部门组织技能培训→基地单元烟叶工作站配送育苗物资→按《××××年度×××基地单元育苗工作方案》要求进行壮苗培育→基地单元烟叶工作站进行成苗验收→按计划将验收合格的烟苗配送到烟农→结账。

41. 如何管理育苗专业队?

（1）育苗协议签订（余庆育苗实施方案）。

①烟叶站与合作社签订专业化育苗及供苗协议；

②合作社与专业育苗队签订服务协议。

（2）育苗队伍组建。根据烟草部门下达的计划，组建育苗专业队，由烟草部门负责技术培训合格后上岗，实行环节流水作业。

（3）相关准备工作。

①物资准备。合作社根据烟草部门提供的育苗物资（基质、浮盘、烟种、农膜、消毒药剂以及育苗棚等），组织育苗专业队及时调运到位，统一管理。

②苗床制作及苗棚检修、铺膜、加水、浮盘消毒等准备工作，按育苗技术方案及相关要求在播种前3天准备到位。

(4) 组织实施。合作社准备工作完成，申请烟草部门验收，合格后，根据烟草部门育苗技术方案及相关要求规定，组织专业队伍实施播种及专业化育苗过程管理。

(5) 验收考核。政府、烟草部门、合作社组织相关人员，根据育苗技术方案对育苗队进行考核验苗，评估供苗，按成苗标准分为一、二、三类苗，一类苗40元/亩、二类苗37元/亩、三类苗35元/亩。

(6) 发苗。根据烟草部门包片技术员出具的供苗凭证（供苗凭证必须包含以下内容：烟农姓名、所属村组、合同面积、供苗品种、供苗时间、供苗类别等）进行发苗（或配送到指定地点）。

(7) 财务结算。烟苗发放完毕后，清理育苗设施设备，清收相关烟用物资，然后进行财务结算，及时支付育苗专业队工资、土地租金、水电费，运输费等。

(8) 其他事项。

①育苗技术指导由烟草部门负责指导、督促；

②对烟草部门提供的育苗设施设备，合作社组织专人进行管护；

③育苗大棚在烟草部门不使用期间，组织召开社员代表大会，讨论并通过发展其他产业，增加收入。

42. 如何组建植保专业队？

烟叶生产的植保专业化服务相对其他专业化服务而

言，其专业知识性更强，接触的是具有一定毒性的农药，危险性较大，要求会使用植保机具，掌握基本的药剂配制和废弃物处置办法。

（1）入队条件。为防止植保专业队员在作业过程中出现意外情况，应选择年龄在18～50周岁，具有初中以上文化程度、身体健康、四肢灵活、无冠心病、无高血压、无上呼吸道感染、无支气管哮喘、无皮肤过敏史及非哺乳期妇女，并优先在合作社内部成员中选拔。

（2）技能培训。为保障每个植保专业队员的服务都能得到烟农的广泛认可，县级烟草公司应该协调县级以上植保部门，帮助合作社接受县级以上植保部门的专职培训，熟练掌握最基本的植保服务技能，并取得培训合格证后才能持证上岗。

（3）规章制度。植保专业服务队要与每个队员签订服务协议，明确工作职责、服务内容、薪酬标准、监督管理措施和考核奖惩办法。

（4）人员配置。为便于服务和管理，每个植保专业队设队长1名、副队长1名，队员若干；为节约服务成本和保证能在最短的时间内给烟农提供最快速的防治服务，每个植保专业队可下设若干小队，每个小队至少配置1名药剂配制员专职负责农药的配制，根据划定的服务区域进行有效作业。

（5）配套设施。包括植保器械和安全保护装置。

①安全保护装置。要有足够的个人安全保护装置，供

其在施用农药、带电设备、机械设备等危险操作时进行个人防护使用。包括防止吸入农药气雾的口罩、防止药液直接接触皮肤的防水衣和手套。

②植保器械。应根据交通情况和服务面积，合理配备合适的植保机具类型和足够的数量，确保每个植保队员人手1台（套）后，按10%的比例配置备用。

(6) 福利保障。每两年应对职工至少进行一次健康体检。人员工资、福利待遇标准应依照劳动法合理制定，并通过制度明确，按时发放。季节工、临时工等应按当地劳动部门的相关规定按时足额发放劳务费。为保障植保队员的年度收益，可采取兼职的方式增加收入。

43. 如何管理植保专业队？

(1) 机构设置。

①成立烟草植物防控中心；

②设专人进行管理。

(2) 工作措施。

①加大宣传统防统治试点示范的引导力度，增强烟农统防统治意识。

②农药进购：依据《中国烟叶公司关于2012年度烟草农药使用的推荐意见》进行采购。

③农药供应：凡是本社社员购买农药，采取进价加运费，适当收取服务费的经营方式，降低病虫害防治成本。

④选择集中连片的烟区，进行统防统治的试点示范。

相关物资准备，由合作社提供（农药、器具、衣服、口罩等）；成立专业植保队伍，进行培训上岗；针对烟株病症，对症下药，进行统防统治（包括烟地周边树木、草及其他农作物等）。

⑤接烟农通知病虫害发生较为严重的，合作社接通知后指派专人到烟地现场确诊，对症下药，确保 24 小时内进行防治。

（3）费用结算。

①销售农药，当面现金结清；

②烟草部门给予补贴的，不收取烟农的费用；

③人工工资由合作社支付。

（4）考核。

①按合作社的安排，未按时完成工作任务的，严格考核兑现；

②未严格按农药使用说明书用药的，严格考核兑现；

③其他工作失误的，严格考核兑现。

44. 机耕专业队的组建条件和程序？

烟叶生产的专业化机耕，主要从事烟地的深翻、起垄、覆盖地膜、培土上厢和拔秆服务，要求会熟练操作使用农机具，懂得安全使用和常规维护。

（1）入队条件。具有初中以上文化程度，年龄在 18～

50周岁，身体健康、四肢灵活、无冠心病、无高血压、无不良嗜好，有较强的组织纪律观念。经培训获得县级农机部门资格认证，熟悉农机操作的人员。应优先在合作社内部成员中选拔具有农机驾驶证和2年以上农机操作经验的人员。

（2）人员配置。每个机耕专业队伍设队长1人、机耕队员若干。为节约服务成本和保证能在最短的时间内给烟农提供最快速的机耕服务，每个机耕专业队可下设若干小队，根据机械的最佳作业半径划定服务区域和配置机械数量。每个小队按机械数量的多少确定机耕队员人数，并至少配置1名常规保养员专职负责农机的日常保养。

（3）技能培训。为保障每个机耕专业队员的操作安全，服务都能得到烟农的广泛认可，应接受县级以上农机部门的专职培训，熟练掌握农机操作，并取得培训合格证后才能持证上岗。

（4）入队程序。参培人员在取得培训合格证后向合作社提出入队申请，经审核通过后，签订服务协议，才能成为专业机耕队员。服务协议包括工作职责、服务内容、薪酬标准和考核奖惩办法等。

45. 怎样对机耕专业队进行管理？

（1）合同管理。烟地的机耕工作实行合同管理。一是由合作社与烟叶工作站签订烟地机耕服务协议，明确烟地机耕计划、进度安排、烟草部门补贴标准及结算方式、监督管理及违约责任等。二是由合作社与烟农签订服务合同，内容涉及服务地点、服务时间、服务方式、收费标准、服务费用结算方式、不合格事项的处理、违约责任等。

（2）费用管理。烟地机耕服务价格由合作社、烟草部门、烟农代表三方共同确定。其中：支付机耕队员的工资标准不能低于收费总额的85%，其余的15%作为合作社管理费用。机耕队长和专职保养员工资由合作社从管理费中支付。

（3）运行管理。合作社向机耕专业队下达服务任务，以市场化方式运作，在规定的服务时间期限内开展烟地的机耕服务工作。其运行流程为：

合作社与基地单元烟叶工作站签订服务协议→合作社与烟农签订机耕服务合同→合作社将机耕任务下达机耕专业队→机耕队开展机耕服务→基地单元烟叶工作站组织烟农进行机耕质量验收→结账。

（4）福利保障。在开展机耕服务前，要对机耕队员进行一次健康体检。发放有关设施及机械设备的使用方法、日常维护保养等方面的安全知识手册，配备统一的作业服装和相应的食宿条件，并开展有关如何避免危害和保护自身安全等方面教育。

46. 如何组建烘烤专业队?

充分说明烘烤环节在烟叶工作中的重要性。只有组建一支合格的采收烘烤一体化的专业队伍，实行规范化的采收烘烤，才能保障烟叶工作预期产量、质量和结构等目标实现。

（1）入队条件。应选择初中以上文化程度，有 3 年以上采收、烘烤工作经验，身体健康的人员，优先在合作社社员中产生。

（2）技能培训。每个采收、烘烤专业队员应接受县级烟草部门的专职培训，熟练掌握采收或烘烤技能，并取得培训合格证后才能持证上岗。

（3）规章制度。采收、烘烤专业服务队要与每个队员签订服务协议，明确工作职责、服务内容、薪酬标准、监督管理措施和考核奖惩办法。

（4）人员配置。为便于服务和管理，每个采收、烘烤专业队设队长 1 名、采收副队长 1 名，队员若干。

（5）配套设施。应根据交通情况和服务面积，合理配备烤房数量和回潮设施。

（6）福利保障。每年至少应对职工进行一次健康体检。编印安全知识手册，对员工进行有关如何避免危害和保护自身安全等方面教育，包括烘烤工场内带电设备的使用方法等。

47. 如何管理烘烤专业队？

（1）协议签订。

①烟农与合作社签订烘烤协议；

②合作社与烘烤人员签订烘烤协议。

（2）队伍组建。由受益烟农自行推举或合作社招聘产生，推举人员或招聘人员必须经培训合格后上岗。

（3）实施范围。烟叶工场及密集烤房群。

（4）组织实施。

①烘烤模式：一是采烤一体化，采收烘烤全包干（含采收、运输、上下炕、煤、水、电、烘烤师工资、烤房维护费等）；二是商品化烘烤，全包干（含煤、水、电、烘烤师工资、烤房维护费等）；三是专业化烘烤，只负责烘烤（煤、水、电、烤房维护费由烟农自行负责）。

②服务费用标准及收取办法：

费用标准：以烘烤数量（下炕后按比例称重）或炕次为单位，按当时煤、水、电、人工工资等确定。

收费方式：根据烟农经济情况决定收费方式。原则上第一炕、第二炕可以不交费，烤第三炕时合作社收取第一、第二炕的烘烤费用，之后严格按炕次收取。

（5）组织保障。

①合作社成立专业化烘烤领导小组，主要负责协调金融部门、煤炭供应企业，筹集专业化烘烤启动资金；

②由行政、烟草部门、合作社、部分社员代表成立专业化烘烤仲裁组；

③由行政、烟草部门、合作社组织相关烘烤技术人员成立烘烤巡视组，进行巡查指导并收集相关信息。

(6) 考核验收。

①专业化烘烤师必须认真履行职责，对每炕烟叶烘烤情况进行详细记录，真实反映烟叶烘烤过程烟叶变化情况，为烟叶烘烤质量、兑现考核提供真实可靠依据；

②上炕前，对采摘的鲜烟叶进行检查验收，并指导编烟、上炕人员分类进行编烟上炕，对非正常烟叶不予烘烤；

③烘烤师必须严格按照烘烤技术要求操作，如人为因素造成的损失由烘烤师负责；

④烘烤师负责本烘烤区域的环境卫生、现场管理工作。

(7) 财务结算。

①按照协议，及时清收烟农应收烘烤费用，支付烘烤师工资等；

②对所用的燃煤、水、电、油、土地租金等进行盘点清算，并及时结清账务；

③对烘烤设施设备进行全面盘点、清收、维护。

48. 分级专业队的组建条件和程序？

分级工作事关烟叶质量的体现，涉及烟农利益的保障。因此，必须组建操作熟练、技术过硬的分级专业队，并进行规范管理，保障分级工作的正常开展。

（1）人员要求。具备初中以上文化程度，年龄 18～55 周岁，身体健康，无色盲，无不良嗜好，有较强的组织纪律观念。经培训获得烟草部门资格认证，熟悉烟叶分级操作。应优先吸纳合作社社员作为专业化分级队员。

（2）人员配置。专业分级队伍设 4 个岗位，分别是分级队长、分级组长、分级工、辅助工。收购量在 1 万担左右的收购线，一般采用“三工位”的方式进行分级，运行专业分级散叶收购 2 年以上、操作熟练的分级队伍可实行“二工位”的方式进行分级。实行三工位，设置分级队长 1 人、分级组长 7 人、分级工 75 人、辅助工 5 人；实行二工位的，设置分级队长 1 人、分级组长 6 人、分级工 60 人、辅助工 5 人。

（3）技能培训。专业分级队应依据站（线）或工场的收购计划确定所需分级队员人数，并按需求人数的 1∶1.3 以上比例组织人员接受烟草部门有关烟叶分级等方面的专职培训。

（4）入队程序。参培人员在取得培训合格证后向合作社提出入队申请，经审核通过后，签订服务协议，才能成为专业分级队员。服务协议包括工作职责、服务内容、薪酬标准和考核奖惩办法等。

49. 怎样对分级专业队进行管理？

(1) 合同管理。烟叶专业分级工作实行合同管理。一是由合作社与烟叶工作站签订烟叶专业分级服务协议，明确烟叶分级计划、进度安排、烟草部门补贴标准及结算方式、监督管理及违约责任等。二是由合作社与烟农签订服务合同，内容涉及服务地点、服务时间、服务方式、收费标准、服务费用结算方式、不合格烟叶的处理、违约责任等。

(2) 费用管理。烟叶分级服务价格由合作社、烟草部门、烟农代表三方共同确定。其中，支付分级工工资标准不能低于收费总额的85%，其余的15%作为合作社管理费用。分级队长、分级组长、辅助工工资由合作社从管理费中支付。

(3) 运行管理。合作社向专业分级队下达服务任务，以市场化方式运作，在规定的服务时间期限内开展烟叶的专业分级工作。其运行流程为：

合作社与基地单元烟叶工作站签订服务协议→合作社与烟农签订分级服务合同→合作社将分级任务下达分级专业队→分级服务→基地单元烟叶工作站进行分级验收→将分级合格的烟叶交售入库→结账。

(4) 福利保障。在开展分级服务前，要对分级队员进行一次健康体检。发放烟叶分级场所有关防尘、带电设施及机械设备的使用方法等方面的安全知识手册，配备统一的作业服装和相应的食宿条件，并开展有关如何避免危害和保护自身安全等方面教育。做好加湿、防尘、通风、厕所等卫生安全设施设备的维护保养，确保正常使用。

50. 烟农专业合作社应建立哪些作业制度？

根据《烟农专业合作社行业示范社评定办法》要求：专业服务队应在烟草公司指导下，配合合作社，制定专业化服务业务流程、技术规程、作业标准、验收办法等作业制度，并严格执行到位。

其中，专业化服务业务流程可看做是成员为创造共同价值，由各种不同功能的活动相互衔接的一组有相互关系的任务，他们依照一定的业务逻辑和顺序依次执行。业务流程是对作业环节中各主体之间业务关系、作业顺序和管理信息流向的系统描述，有利于分析人员找出服务环节的不合理流向，对整个服务环节具有全局性的指导作用。

技术规程是技术标准、技术规范的具体化，是根据技术标准和技术规范的要求，对专业化服务的服务过程、操作方法、设备和农机具的使用、作业安全等所作的技术规定。技术规程是技术性的指导文件，可作为对专业服务队员进行技术教育和培训的教材之一。它有利于提高专业服务队员的技术操作水平，保证安全生产，避免设备事故及人身事故的发生。

作业标准是为了保证在规定的成本和时间内完成规定质量的服务所制定的方法。在制定作业标准的过程中应注意不要放过任何细小的作业内容，每个作业步骤都要详细明确，不要使用模棱两可的文字表达。通过建立较为细致的作业标准，可以有效规避由于服务质量而引发的纠纷。

验收办法是根据双方合约中约定的执行标准对专业化服务完成的程序、内容和质量进行检验的办法。在验收办法中应明确验收目的、验收对象、验收步骤、验收依据、验收签字等内容。制定验收办法旨在确认服务质量，明确各方责任，维护各方利益，减少矛盾和纠纷。

持续改进措施。根据验收存在问题，合作社制定改进措施，修改作业流程、标准、规程等。

51. 怎样做好专业服务队的验收考核工作？

验收考核是烟农专业合作社开展专业化服务较为关键的一道程序，也是全面衡量专业化服务质量的重要环节。《烟农专业合作社行业示范社评定办法》要求烟农专业合作社“对专业化服务人员进行作业考核，依据作业量、作业效率、作业质量等，核定用工报酬”。

在对专业服务队进行验收考核的过程中，首先应明确专业化服务的验收方式为“三方”验收，即由烟草部门、合作社、烟农至少派一名验收人员对专业化服务每环节的工作进行现场验收。其次严格对照服务标准进行现场验收，“三方”均签字认可方能通过验收，对认定存在差异时，由服务纠纷仲裁委员会根据各单元各环节专业化服务标准体系进行仲裁，确定为服务质量问题的应责令服务队员返工，直到合格为止，并对服务不合格的队员进行考核。

52. 烟农专业合作社怎样联合烟草公司建立专业化服务人员技能评级制度？

为了进一步加强专业化服务人员队伍建设，提升专业化服务的整体水平和质量，《烟农专业合作社行业示范社评定办法》要求“联合烟草公司与合作社，开展建立专业化服务人员技能评级制度”。通过建立技能评级制度，可以有效调动专业化服务人员的积极性和工作热情，激发其创造力和服务潜能，营造争先创优的人才培养氛围，促进专业化服务人员技能的提升。

在技能评级制度中，应包括技能评级范围、评定形式、评判标准、评价程序等基本内容。首先，烟农专业合作社应联合烟草公司成立技能等级评审专家组，针对各项专业化服务建立评审模型；然后，在此基础上对专业服务队员的技能情况进行摸底调查并组织队员申报技能等级评审；第三，由专家组拟定考评内容，建立考试复习题库对专业服务队员进行考核，考核应包括理论考核与实践考核；最后，根据考核结果对专业服务队员进行等级评定。

建立专业服务人员激励机制，对评定过关的进行奖励。

53. 如何建立烟农专业合作社核心社员激励机制？

核心社员主要是指以现金、实物等入社，企图获取一定利润回报的烟农，由于具备一定的资金运作与经营管理知识，他们往往成为烟农专业合作社的核心办社人员或管理人员。国内外学者也逐渐意识到核心社员的个人才能及其所拥有的社会资本对于合作社发展的重要性。因此，发展烟农专业合作社，就必须为优秀的核心社员创造制度条件，强化激励机制。

为推进合作社整体利益的提高，烟农专业合作社需要从经济和政治两个方面考虑建立核心社员激励机制。其中，经济激励包括：①探索管理人员工资制，即在综合考虑当地工资水平、管理人员工作强度的基础上，经烟农专业合作社全体表决通过，合理设置管理人员工资；②在行业补贴资产多样化经营的盈余分配上实行奖励基金制度或者提高按出资返还的比例。譬如，多种经营产生的盈余，在弥补亏损、扣除公积金后，遵循60%以上按交易量返还的前提下，在剩余部分中可提取一定比例作为核心社员奖励基金，或者在剩余部分分配上再进行细化，适当提高按现金出资、自有资产折价出资的分配比例，以激发办社人员和管理人员的积极性；③各级烟草部门可以联合、参与农业部门或者单独开展优秀合作社评选工作，对管理规范、运行较好、烟农受益的优秀合作社进行适当的资金奖励。由于经济激励将在一定程度上触及合作社以公平为原则的底线，因此在核心社员激励机制中还需增加政治激励的内容，以弥补经济激励的不足。例如烟农专业合作社核心社员优先选举政协委员、人大代表等，对参与烟农专业合作社的驻村大学生等优先晋升等。

财务管理篇

54. 烟农专业合作社享有配套设施的哪些权利？

根据《烟农专业合作社行业示范社评定办法》：“合作社育苗工场、集群烤房（烘烤工场）、农机具、分级设施等配套完善，享有设施的管理权、收益权，其中基地单元育苗工场、烘烤工场、分级场地与设施、新增农机具经营管理权全部移交合作社。已承包给他人的要重新收回，统一移交合作社进行管理。”

为什么将配套设施的经营权、收益权和最终处置权相分离？烟草行业作为基础设施投入的育苗工场、烘烤工场、分级场地与设施、农机具，初衷是让广大烟农“广受益、普受惠”，但受政策、地域、专业训练、专业技能等原因限制，烟草公司还无法组织专业的人员，直接为烟农服务，通过烟农合作社这个载体，利用烟草公司投入的设施，把运营管理和收益的权利赋予合作社，目的是通过合作社提供“基于成本价的专业化服务”，为烟农提供专业的服务。由合作社受托经营管理的集群烤房（烘烤工场）、育苗工场、烘烤工场、分级场地与设施、农机具等资产，作为这些资产的实际出资人，应该拥有最终处置权。作为烟叶生产专业化服务提供者和烟农代言人的烟草专业合作社，应该拥有经营权、收益权。也就是说，烟农专业合作社享有配套设施的经营管理权和收益权，但设施的运营监督权和最终处置权依然由烟草公司所控制。

55. 为什么要实行收支两条线？怎样做到收支分开？

资金是烟农专业合作社的血液和命脉，合作社生产经营活动的顺利开展需要以资金的正常运转为前提。因此，加强资金管理，建立完善的现金链，保证健康的现金流对于烟农专业合作社来说至关重要。通过实施收支两条线管理，一方面可以对合作社范围内的现金进行集中管理，减少现金的持有成本，加速资金周转，从而使资金效率得以提高；另一方面则可以对分支机构实行有效监控，通过高效价值化管理提高合作社效益。

所谓“收支两条线”，其核心是“收”与“支”的分开管理。它要求合作社必须具备非常强的预算管理能力和严格的财务管理制度。收支两条线的基本原则为：明确划分收入资金和支出资金的流动，禁止现金坐支。在落实收支两条线过程中，应该注意以下问题：

(1) 加强银行账户的管理，确保货币资金安全。货币资金是流动性最强的资产，是内部控制的最关键环节。强化资金的事前控制，健全资金内部控制制度的基础，实行“收支两条线”，对银行账户的开设、使用实行严格的集中管理，利用银行资源来维持“收支两条线”管理。

（2）完善内控制度，强化财务管理。建立内部经济责任制，做到目标明确、责任清晰、考核严格、赏罚分明；通过控制资金流量来确保收入和各项费用受到有效控制，加速资金的周转，提高资金的使用效益，结合实际情况，建立适合于自身的财务管理体系和内部控制系统。

（3）加强制度建设，做好人员培训。应建立、健全相关制度，如账户使用和管理制度、账目核对制度、财产清查制度、会计档案管理制度、内部结算制度、预算审批和内部控制制度等都要落实到位，建立、健全“收支两条线”资金管理流程，并通过一定的激励机制和监督机制保证其落实到位。实行“收支两条线”资金管理模式，对财会人员的要求相应较高，所以必须建立财会和管理人员的定期培训制度，强化会计人员的职业道德和技能。

（4）收支分离，定期核对。应将发生的收入及时存入开设的账户中，每月终了对营业收入情况进行汇总，登记各收入明细账，实行定期核对账务。

（5）加强资金监管，严禁现金坐支。应对收入和支出实行综合预算管理，费用预算不得随意变更，确需追加的，应报有关部门核实后审批。财务收支必须统一管理，在指定的银行结算，不得擅自设立账户。

56. 烟农专业合作社财务审计的意义？怎样做好财务审计？

《农民专业合作社示范社创建标准（试行）》规定："监事会（或执行监事）负责对本社财务进行内部审计，审计结果报成员（代表）大会，或由成员（代表）大会委托审计机构对本社财务进行审计。自觉接受农村经营管理部门对合作社财务会计工作的指导和监督"。随着烟农专业合作社的规模逐渐扩大，民主管理的成本和难度逐步提高，股权集中化趋势和领办人"趋利"行为等问题慢慢涌现，通过加强合作社财务审计，有利于揭露烟农专业合作社在财务管理中存在的问题，强化合作社财务公开制度的落实，提高合作社财会人员的业务水平，同时也有利于农村集体资金合理、有效使用，对于烟农专业合作社具有十分重要的意义。

财务审计包括资产、负债、净资产以及相关的经济活动的真实性、合法性、效益性等和目标的完成情况，分为企业年度会计报表审计和专项审计。企业年度会计报表审计一般在工商年检每年 1—5 月之间进行。专项审计，这是根据法律的审计或投资者需要对指定问题作深入调查，或税务健康自查等，即内部审计。

内部审计重点针对合作社章程的制定、运行和利益分配等常规性业务的审计，主要依托监事会积极发挥监督职能作用，帮助烟农专业合作社改善经营管理的职能作用。外部监督模式主要依据于独立的会计师事务所来进行，重点针对烟农专业合作社设立的合法性、利益分配的质疑或涉及烟农利益的各种纠纷问题发挥审计监督功能，同时接受年度财务报表的审计。

烟农专业合作社要做好财务审计工作，必须使内外部审计组织各司其职，在发挥各自职能作用的基础上互相借鉴、互相配合做好协调型审计工作，真正发挥审计的管理职能水平，协助烟农专业合作社来逐步提高广大烟农的话语权，扩大增收空间。

57. 烟农专业合作社怎样合理确定各类人员的薪酬？

合理的薪酬不但能有效激发员工积极性、提高员工的工作效率，而且有利于增强烟农专业合作社的凝聚力、促进组织发展。烟农专业合作社应根据各类人员的工作性质和特点有针对性地制定薪酬方案。

根据《烟农专业合作社行业示范社评定办法》："允许理事会与监事会成员按占用时间多少，支付一定的误工补贴；经营管理层（经理及管理人员）薪酬支出合理，与经营收益、当地农村经济水平相适应；专业服务队队长报酬在服务承包费用中核定或采用固定工资加绩效的方式进行核定，收益水平略高于当地收入水平；专业化服务人员报酬由队长从服务承包费用的用工成本中支付，用工价格参照当地农村用工水平，兼职人员不得重复计酬。”由此可知：①理事会与监事会成员参与合作社经营管理（如会议、检查等）而耽误其本身农业生产等工作的（如会议、检查等），原则上不拿工资，可支付误工补贴，补贴标准根据当地农业生产劳动用工标准参考执行，一般以日为单位计发误工补贴；②外聘经理、综合管理员、会计、出纳等经营管理人员薪酬应参照当地平均用工水平，由理事会提出方案，经成员（代表）大会讨论通过执行（对经营层的工资，应由基本工资加绩效工资组成，每年制定每个专业化服务目标，超出目标进行奖励，以提高积极性）；③为了激发专业服务队队长的工作积极性，提高合作社的专业化服务能力，专业服务队队长的报酬可采用固定工资加绩效的方式核定。其中需要注意：烟草行业参与合作社建设的人员不能在合作社领取工资，而且也不能领取误工补贴。

58. 怎样有效控制烟农专业合作社的管理成本？

总的来说，烟农专业合作社的成本可分为物质成本、劳务成本、管理成本和资本成本四个部分。由于物质成本和劳务成本是固定的，资本成本较为少见，劳务成本根据业务量考核，管理成本成为烟农专业合作社成本控制的核心。

管理成本是指烟农专业合作社由于发生组织与管理活

动而产生的耗费。随着烟农专业合作社的不断发展壮大，不少合作社都出现了管理成本过高的问题，严重影响合作社的运行效益和效率。究其原因主要有：①管理人员较多，重复设岗增加了管理成本；②组织机构过于复杂导致管理成本偏高；③无效流程多，导致成本增加。

针对上述问题，可采取以下方式控制合作社的管理成本：

（1）进一步优化组织结构，精简管理层级，提升管理效率。烟农专业合作社应坚持组织机构扁平化的原则，在管理架构上不超过 2 个管理层级，即合作社分片区下设专业化服务队。既确保了基地单元专业化服务体系全覆盖，又有效控制、降低管理成本，确保了运行效率。

（2）组建精干的管理团队，保证组织机构的高效运行。烟农专业各管理部门，用人实行定员、定岗，由理事会提出岗位设置、调整或撤销方案，报理事长批准后实施，避免岗位的重复设置，确保岗位人员具备丰富的业务素质、较强的岗位技能和端正的工作态度。

（3）加强预算管理，严格预算考核，贡献与薪酬挂钩，根据实际情况考核兑现，事前预算、始终控制、事后调整，从而降低经营成本，提高合作社的运行效益。

59. 成员账户的作用是什么？

成员账户是指农民专业合作社在进行某些会计核算

时，为每个成员设立的明细科目分别进行核算。根据《农民专业合作社法》第三十六条规定："农民专业合作社应为每个成员设立账户"。其作用主要在于以下三个方面：

（1）通过成员账户，可以分别核算其出资额和公积金的变化情况，为合作社成员承担责任提供依据。根据《农民专业合作社法》第五条的规定："农民专业合作社成员以其账户内记载的出资额和公积金份额为限对农民专业合作社承担责任"。合作社因各种原因在解散而清算时，成员如何分担合作社的债务，都需要根据成员账户的记载情况来确定。

（2）通过成员账户，可以为附加表决权的确定提供依据。根据《农民专业合作法》第十七条的规定："出资额或者与本社交易量（额）较大的成员按照章程规定，可以享有附加表决权"。合作社只有对每个成员的交易量和出资额进行分别核算，才能确定各成员在总交易额中的份额或在出资总额中的份额，来确定本社附加表决权的分配办法。附加表决权的总票数，不得超过本社成员一人一票基本表决权总票数的20%。

（3）通过成员账户，可以为处理成员退社时的财务问题提供依据。《农民专业合作社法》第二十一条规定："成员资格终止的，农民专业合作社应当按照章程规定的方式和期限，退还记载在该成员账户内的出资额和公积金份额；对成员资格终止前的可分配盈余，依照《农民专业合作社法》第三十七条第二款的规定向其返还。"因此，合作法只有为成员设立单独的账户，才能在退社时确定其应当获得的公积金份额和利润返还份额。

60. 烟农专业合作社在建立成员账户时有哪些注意事项？

烟农专业合作社建立成员账户时的注意事项如下：

（1）成员账户的账簿要统一印发。合作社的成员账户格式要按照《农民专业合作社财务会计制度（试行）》的规定，以县或县以上业务主管部门（农合办、经管局）为单位统一格式，统一印制，统一发放。其目的在于方便核算，形成规范，以防“五花八门”。

（2）成员账户的核算应划分会计年度。合作社的《成员账户》、《成员股份明细账》和《成员产品交易登记簿》均属于合作社会计核算的内容。因而，应当划分会计期间，分期结算账目，一个会计年度自公历1月1日起至12月31日止。

（3）成员账户的会计分录，要严格执行《农民专业合作社财务会计制度（试行）》的规定。由于目前合作社会计人员奇缺，业务素质较低，会计基础脆弱。因此，各级业务主管部门（农合办、经管局）要注重抓好培训，力求做到先培训，再上岗。

（4）成员账户的账目要结旧建新。合作社的成员账户有余额的要结转下年进行核算，成员账户的账目要一个年度装订成册，应遵循《会计基础工作规范》、《会计档案管理办法》的规定进行规范，同合作社其他账目一样，实行专人专柜妥善保存，以便备查。

(5) 成员账户的情况要公开，接受合作社成员的监督。《农民专业合作社法》第十六条规定，成员享有“查阅本社的章程、成员名册、成员（代表）大会记录、理事会会议、监事会会议、财务会计报告和会计账簿”的权利。因此，合作社要利用会议、社务公开栏等多种形式进行公示，使成员的知情权、参与权、决策权得到有效保障和充分发挥。

61. 烟农专业合作社总结和评价本社财务状况的指标包括哪些？

合作社总结和评价本社财务状况及经营成果的财务指标包括偿债能力指标和盈利能力指标以及服务能力、组织能力、规范水平和发展能力，促进烟叶生产减工降本、提质增效，确保烟农持续增收。

(1) 偿债能力指标包括资产负债率、流动比率、速动比率等，各指标评价及计算公式如下：

①资产负债率。是用来衡量合作社利用债权人提供资金进行经营活动的能力，以及反映债权人发放贷款的安全程度。计算公式为：

资产负债率＝负债总额/资产总额×100％

②流动比率。用来衡量合作社流动资产在短期债务到期以前可以变为现金用于偿还流动负债的能力。计算公式为：

流动比率＝流动负债总额/流动资产总额

③速动比率。用来衡量合作社流动资产中可以立即用于偿还流动负债的能力。计算公式为：

速动比率＝速动资产总额/流动负债总额×100％

（2）盈利能力指标包括总资产报酬率、净资产收益率、销售增长率、成本费用率利润率等。各指标评价及计算公式如下：

①总资产报酬率。表示全部资产获取收益的水平，全面反映了合作社的获利能力和投入产出状况。一般情况下，该指标越高，表明投放产出的水平越好，资产运营越有效，可以充分利用财务杠杆进行负债经营，获取尽可能多的收益。计算公式为：

$$\text{总资产报酬率}=\frac{\text{利润总额}+\text{利息支出}}{\text{平均资产总额}}\times 100\%$$

②净资产收益率。表示净资产获取收益的水平，净资产收益率越高，自有资本获取收益的能力越强，运营效果越好，对投资人、债务人的保证程度越高。计算公式为：

净资产收益率＝净利润/平均净资产×100％

③销售增长率。是衡量企业经营状况和市场占有能力、预测经营业务拓展趋势的重要指标。该指标若大于0，表示企业本年的销售（营业）收入有所增长，指标值越高，

表明增长速度越快，市场前景越好；若该指标小于0，则说明企业销售不畅，存有问题。计算公式为：

销售增长率＝本年销售增长额/上年销售收入总额×100%

④成本费用率利润率。是从内部管理等方面，对资本收益状况的进一步修正，该指标通过收益与支出直接比较，客观评价获利能力。该指标越高，表明为取得收益所付出的代价越小，成本费用控制的越好，获利能力越强。计算公式为：

成本费用率利润率＝利润总额/成本费用总额×100%

（3）服务能力指标。是指合作社服务能力，如各环节服务覆盖率。

（4）组织能力、规范水平指标。是指管理方面的评价，如管理岗位设置的合理性、业务管理的有效性、社员对合作社的认知度等。

62. 盈余返还机制包括哪些方式和种类？

根据《烟农专业合作社行业示范社评定办法》，烟农专业合作社可“制定现金、实物或购买保险等多方式、多种类的盈余返还机制”。由此可见，烟农专业合作社盈余返还的方式可以是灵活多样的。具体采用哪种方式，由合作社根据实际情况决定。

当盈余返还额较大时，可以采取银行转账或者直接支付现金的盈余返还方式。该方式能够对社员形成直接有效的激励，是盈余返还的主要方式。当盈余返还额较小时，则可采取实物或购买保险的形式进行盈余返还，同样能够达到较好的激励社员的效果。此外，还可以由烟农专业合作社的财务管理人员根据社员的实际需求设计合理可行的盈余返还方式。

其中需要注意的是，不论何种盈余返还方式都必须经过成员（代表）大会集体讨论同意后方可执行。

63. 烟农专业合作社开展多种经营是否允许成员出资参股？产生的收益应如何分配？

根据《烟农专业合作社行业示范社评定办法》："利用行业补贴性资产开展多种经营、非烟服务项目的，允许部分成员出资参股。产生的收益，合作社提取一定的设施管护费用、经营管理团队激励补贴经费、发展基金外，可用于参股成员分红，分红总额不超过50%"。

由此可知，利用行业补贴性资产开展多种经营对于增强合作社的自我发展能力和可持续发展能力具有十分重要的意义。行业一直鼓励烟农专业合作社在遵循以烟为主及保证设施安全性和完整性的原则下开展多种经营，因此对于利用行业补贴性资产开展多种经营，允许部分成员出资参股。

但有以下要求：①必须是非烟服务项目；②产生的收

益中要提取一定的设施管护费用、经营管理团队激励补贴经费和发展基金。

64. 烟农专业合作社应如何设置账簿？

烟农专业合作社账簿设置和企业基本相似。设立以下三种账簿：

（1）总账（总账的格式采用三栏式，外表形式一般应采用订本式账簿）；

（2）明细账（明细账的格式主要有三栏式、数量金额式和多栏式，合作社应根据财产物资管理的需要选择明细账的格式）；

（3）日记账（根据财政部《会计基础工作规范》的规定，各单位应设置现金日记账和银行存款日记账，以便逐日核算和监督现金和银行存款的收入、付出和结存情况）。

65. 烟农专业合作社财务会计核算应注意哪些会计科目？

作为一类特殊的经济组织形式，合作社也有自己的财务会计制度。2008 年国家财政部出台的《农民专业合作社财务会计制度（试行）》为合作社财务会计处理提供了依据，该制度一直被沿用至今。与企业会计制度相比，该制度在会计科目方面作了一些调整，这与合作社业务的特殊性和单一性是一致的。其中，烟农专业合作社需要特别注意的会计科目有：

（1）“应收款”科目：和企业会计的“应收款项”科目相似。合作社的应收款项划分为两类：一是合作社与外部单位和个人发生的应收及暂付款项，为外部应收款，以“应收款”科目核算；二是合作社与所属单位和社员发生的应收及暂付款项，为内部应收款，以“成员往来”科目核算。外部应收款项是指合作社与外部单位和外部个人发生的各种应收及暂付款项。合作社外部应收款项通过“应收款”账户进行会计核算。该账户借方登记合作社应收及暂付外部单位和个人的各种款项，贷方登记已经收回的或已转销的应收及暂付款项，余额在借方，反映尚未收回的应收款项。

（2）“成员往来”科目：企业会计中没有这个科目。内部应收款项是指合作社与社员发生的各种应收及暂付款项。合作社内部应收款项通过“成员往来”账户进行核算。“成员往来”是一个双重性质的账户，凡是合作社与所属单位和社员发生的经济往来业务，都通过本账户进行会计核算。也就是说，它既核算合作社与所属单位和社员发生的各种应收及暂付款项业务，也核算各种应付及暂收款项业务。该账户借方登记合作社与所属单位和社员发生的各种应收及暂付款项和偿还的各种应付及暂收款项，贷方登记合作社与所属单位和社员发生的各种应付及暂收款项和收回的各种应收及暂付款项。该账户各明细账户的期末借方余额合计数反映合作社所属单位和社员尚欠合作社的款项总额，各明细账户的期末贷方余额合计数反映合作社尚欠所属单位和社员的款项总额。为详细反映成员往来业务情况，合作社应按社员设置“成员往来”明细账户，进行明细核算。各明细账户年末借方余额合计数应在资产负债表的“应收款项”项目内反映，各明细账户年末贷方余额合计数应在资产负债表的“应付款项”项目内反映。

(3)“股金”科目：与企业会计中的“实收资本”相似。成员出资要用到这个科目。股金是合作社成员实际投入合作社的各种资产的价值。它是进行生产经营活动的前提，也是合作社成员分享权益和承担义务的依据。为了反映投资人实际投入的股金以及股金的增减变化情况。应设置“股金”账户，该账户属所有者权益类账户。贷方登记实际收到的股金金额以及用资本公积转增的股金数额，借方登记按规定程序减少的股金数额。期末贷方余额反映合作社实际拥有的股金总额。该账户应按合作社成员设置明细账户进行明细核算。

(4)“专项基金”科目：企业会计中没有这个科目。专项基金是合作社通过国家财政直接补助转入（行业投入）和他人捐赠形成的专用基金。①当合作社使用国家财政直接补助资金（行业投入）取得固定资产、农业资产和无形资产等时，按实际使用国家财政直接补助资金的数额，借记“专项应付款”科目，贷记本科目；②合作社实际收到他人捐赠的货币资金时，借记“库存现金”、“银行存款”科目，贷记本科目；③合作社收到他人捐赠的非货币资产时，按照所附发票记载金额加上应支付的相关税费，借记“固定资产”、“产品物资”等科目，贷记本科目；无所附发票的，按照经过批准的评估价值，借记“固定资产”、“产品物资”等科目，贷记本科目。

66. 烟农专业合作社应编制哪些会计报表？

会计报表是反映合作社某一特定日期财务状况和某一会计期间经营成果的书面报告。根据《农民专业合作社财务会计制度（试行）》的规定：“合作社应按照规定准确、及时、完整地编制会计报表，向登记机关、农村经营管理部门和有关单位报送，并按时置备于办公地点，供成员查阅”。

与其他合作社相同，烟农专业合作社应编制的会计报表包括资产负债表、盈余及盈余分配表、成员权益变动表、科目余额表和收支明细表、财务状况说明书等。

合作社应按登记机关规定的时限和要求，及时报送资产负债表、盈余及盈余分配表和成员权益变动表。

各级农村经营管理部门，应对所辖地区报送的合作社资产负债表、盈余及盈余分配表和成员权益变动表进行审查，然后逐级汇总上报，同时附送财务状况说明书，按规定时间报农业部。

67. 烟农专业合作社怎样进行会计档案管理？

合作社的会计档案包括经济合同或协议，各项财务计划及盈余分配方案，各种会计凭证、会计账簿和会计报表、会计人员交接清单、会计档案销毁清单等。

合作社要按照《会计档案管理办法》（财会字〔1998〕32号）的规定，加强对会计档案的管理。建立会计档案室（柜），实行统一管理，专人负责，做到完整无缺、存放有序、方便查找。

其中，各会计档案的保管期限如下表：

会计档案名称	保管期限	备　　注
一、会计凭证类		
1. 原始凭证、记账凭证和汇总凭证	15年	
其中：涉及外事和其他重要的会计凭证	永久	
2. 银行存款余额调节表	3年	
二、会计账簿类		
1. 日记账	15年	
其中：现金和银行存款日记账	25年	
2. 明细账	15年	
3. 总账	15年	包括日记总账
4. 固定资产卡片		固定资产报废清理后保存5年
5. 辅助账簿	15年	

（续）

会计档案名称	保管期限	备　注
三、会计报表类		
年度会计报表	永久	包括文字分析
四、其他类		
1. 会计移交清册	15年	
2. 会计档案保管清册	25年	
3. 会计档案销毁清册	25年	

烟农专业合作社的会计档案管理与上述要求是一致的。

68. 如何处理侵占、挪用、截流、私分烟农专业合作社财产行为？

合作社财产，是成员通过出资、经营以及其他合法途径积累起来的财产，是合作社正常开展业务，更好地为成员提供服务的财产基础，也是全体成员共同利益的体现。根据《农民专业合作社法》第五十三条规定，“侵占、挪用、截留、私分或者以其他方式侵犯农民专业合作社及其成员的合法财产”属违法行为，应依法追究法律责任。烟农专业合作社同样适用此规定。

（1）侵占合作社财产的行为，是本社的有关管理或从业人员及其他当事人，以及合作社以外的有关人员通过各种不正当手段，侵犯占有合作社合法财产的行为。对于这种行为必须严格予以制止并依法追究责任。

（2）截留合作社的财产，是指合作社的有关管理或从业人员利用职务之便，通过各种不正当手段，将经本人之手应收归合作社的财产予以截存、或者予以挪用、或者予以占有的行为。对于截留合作社或者其成员合法权益的行为，应依法追究法律责任。

（3）挪用合作社的财产，是指本社有关管理或从业人员利用职务之便，通过各种不正当手段，将合作社用以经营的财产挪用自己个人或亲友等的某种用途，事后又予以归还的行为。挪用合作社财产的行为，既损害权利人的合法权益，又扰乱合作社经营秩序。对上述违法行为，一是要追回挪用的财产；二是对因此取得的收入应分别归于合作社或其成员；三是由此造成损失的应予以赔偿。

（4）私分合作社财产，是指合作社的有关管理或从业人员利用职务之便，通过各种不正当手段，将合作社的某种财产予以隐匿转移，然后在小范围内，如几个高管人员或者某个部门几个人员间私自分配的行为。私分合作社财产的行为，影响合作社的经营与对成员提供的服务或者对成员的分配，破坏了合作社的经营发展，损害了合作社和其成员的利益，是一种严重的违法行为。对于这种行为必须严格予以制止并依法追究责任。对于私分的财产应予追回，由此造成合作社或其成员损失的，应责令有关当事人予以赔偿。

69. 怎样确定盈余分配的交易额和计算盈余返还额?

烟农专业合作社作为农民专业合作社的一种，其同样遵循60%以上按交易额进行盈余返还的原则，但是在当前合作社实践中，对于“交易额”的界定却各不相同，有的按烟叶交售量，有的按基本烟田面积，有的按当年烟叶种植面积，但是这种界定方式在实践操作中都存在的一个问题是：合作社是按交易额返还社员的，但是很多的烟农并不是合作社社员，却依靠这些标准分享了合作社的盈余返还，这显然是不合理的。

其实，作为一种以服务为主要目的的合作社，烟农合作社与大农业领域以交售量为标准的出发点是不同的，大农业领域以销售量为标准的根本目的是刺激社员交售，从而扩大合作社销售量，获取更大的经济效益，但是烟叶生产在合同签订上已经严格限定社员烟叶交售数量，烟叶价格也已经给定的条件下，是达不到获取更大经济效益效果的。因此，服务型烟农合作社真正的交易额其实是“专业化服务量”，按交易额返还烟农最直接的方式既“按成本价为烟农提供服务的多少。

因此，对于烟农专业合作社盈余分配的处理，应该采取更为灵活的方式，即合作社采取成本价 A（内涵育苗、机耕、植保、烘烤、分级等环节价格）为合作社社员提供

了 B 份额的专业化服务，相比于市场价 C（内涵育苗、机耕、植保、烘烤、分级等环节市场价），合作社相当于以成本价的方式变相的返还给烟农（$C-A$）$\times B$，这一部分是应该计入合作社 60%按交易额返还的比例的，如果达不到 60%以上的比例，则再从可分配盈余中提取相应的比例按专业化服务量返还社员。对于普通烟农而言，对于专业化服务成本价的迫切程度远远大于风险高、数额少的盈余返还的，在合作社盈利能力有限的情况下，将多数的盈余用于合作社日常运转、经营管理、扩大再生产的意义反而更大，当然，如果合作社经营效益很好或者多种经营取得了较高的收益，则主要还是遵循原有的返还方式。

70. 烟农专业合作社如何破解融资难的问题？

农民专业合作社的壮大需要源源不断的资金支持，但由于缺乏融资条件、农村金融服务体系不完善等内外部因素，合作社普遍面临严重的资金短缺问题，阻碍了农民专业合作社的进一步发展。而烟农专业合作社由于“微利经营”，为合作社扩大再生产贡献的资金更加有限。破解烟农专业合作社的融资难题，可从内部外部两个方面着手：

（1）合作社的外部融资。

①积极与政府部门人员进行沟通，争取适宜的扶持政策和项目。

②进一步争取烟草行业在合作社规范管理、技术落实、物资配套、项目支持和发展资金等方面的大力支持，拓展支持项目内容。

③引进金融管理人才，掌握金融机构的融资流程和申请程序，加强与金融机构的协调沟通，在政策允许的范围内筹措组织发展所需的资金。

④探索与外来资金、项目合作，利用自身设施设备优势，最大化发挥设施设备作用。

（2）合作社内部融资。内部融资是解决合作社融资问题的终极手段。烟草公司的各种形式的投入和补贴可以推动合作社的初期建设，但真正的发展最终只能依靠烟农的自我发展，走内生化的发展道路。具体方式有：

①鼓励社员直接投资是最直接和简便的途径。

②拓展多元产业增加合作社资本积累是一种简单、系统的融资方法。

③探索构建资金互助机制是解决融资难题的重要途径。

④从长远看，合作社之间的资金互助也将是发展合作金融的一条必由之路。

71. 烟农专业合作社怎样申请税收优惠政策？

按照财政部，国家税务总局财税〔2008〕81号文件，烟农专业合作社日常开展的育苗、有机肥销售、可免征增值税，机耕、植保、烘烤、分级等互助型活动基本是免税的。按照财政部对全国人大代表有关建议的答复（财农便〔2009〕201号），农民专业合作社参照企业所得税法关于一般企业的规定，享受企业所得税的减免政策。相关优惠可咨询当地税务局法规科，具体标准参照财政部、国家税务总局《关于农民专业合作社有关税收政策的通知》规定。

申请享受税收优惠政策的烟农专业合作社应当经营活动开展正常，经营活动成果核算完整准确、运作规范。具体来说，应具备以下条件：①有完整的成员账户，包括成员的姓名、住址、身份、身份证号码和经营范围等；②有健全的财务账户，包括入股的资金及比例、交易额、总账和相应的明细账等。

符合上述条件的烟农专业合作社应向当地税务机关提出税收优惠申请，申请时要提供合作社营业执照、税务登记证复印件、工商登记证明、主营业务情况、要求免税的原因和理由，免税项目独立核算的情况说明、减免税申请审批表、当地税务机关需要的其他相关证件。

在实施合作社税收优惠的过程中，由于方方面面的原因、各地税务部门对优惠政策的执行力度存有差异，合作社的税负各有不同，还需进一步加强与税务部门沟通，让税务部门了解合作社农民互助的实质，从而给予税收的全面优惠。

专业服务篇

72. 烟农专业合作社可以对哪些专业化服务环节进行拓展？

目前，多数烟农专业合作社仅仅针对烟叶生产的几个关键性环节开展专业化服务，服务环节以育苗、机耕、植保、烘烤、分级5个环节最为普遍。由于合作社经营收入渠道不多，往往出现两种现象：一是在不同环节的间隙，合作社作业人员工作量不足，导致其放弃后续服务工作转而寻求其他工作，致使作业人员数量不稳；二是合作社因业务单一、业务量少，导致总体收益不高，影响合作社的可持续发展。因此，在5个环节的专业服务的基础上，重点突出采烤一体化，重点突破“1＋N”的专业化采烤模式，积极探索开展有机肥堆制、专业化运输、专业化移栽等专业化服务。以示范社建设为抓手，加强育苗、烘烤、分级、机耕“三师一手”队伍建设，建立全程、全覆盖的专业化服务体系，统一服务模式，规范服务流程，提升服务水平。

73. 怎样把握烟农专业合作社的服务半径？

在我国现有农村土地政策及产业结构条件下，提升烟农户均种烟规模难度较大，但可以通过提高连片种植度来提高服务半径和规模。一是提高烟叶种植相对连片度。大多数烟叶种植都布局在山区，户均规模小、土地不平、连片度差，无法做到大规模连片。然而，通过调整烟叶布局和统一轮作制度，也可形成多个连片小区域，只要贯通以机耕道，同样可以做到集约化连片种植和服务。二是组建烟农联合组。其核心内容是以几十户烟农（或以村为单位）以土地连片为依据组建烟农联合组，以联合组为单位统一聘请专业化服务。考虑到贵州省烟叶生产多集中于土地零星分布、道路条件较差的山区，加之烟叶生产环节多、技术性强，几万亩的服务面积对于一个合作社而言，服务半径相当大，经营管理的难度也较大。为此，烟农合作社须采取统分结合方式，以降低运行成本、提高合作社作业效益。总的说来，可采取三种组织形式：①依据服务内容设专业服务分社，分社独立运行、单独核算，总社相当于专业服务分社联盟。发挥组织、指导和管理的作用。②依据服务区域设置分社，分社为服务区域内的种烟主体提供各环节的专业化服务，独立运行、单独核算。③依据环节设置专业队，由烟农合作社统一核算，但要建立不同环节专业队的考核机制，提高专业队的服务质量和服务效率。

然而，有些环节（如育苗、机耕、植保）因技术相对成熟、作业效率较高，可跨单元、甚至以县为单位组建服务社，以增大服务规模和范围。由于只提供一个环节的专业化服务，专业性强、业务单一，管理要求不高。在合作社的发展初期，也具有较强的生命力。

一是根据合作社对应的烟叶站确定服务半径，确保能够实现全覆盖。

二是根据服务能力确定服务半径。由于全省合作社发展不平衡，合作社要根据自身的服务能力确定服务半径。

三是根据收益状况确定服务半径。合作社虽然是微利经营，但必须保证有足够的收入保证合作社的运营，因此合作社应该根据经济运行状况确定服务半径。

四是根据地形地势确定服务半径。

74. 怎样确定烟农专业合作社的服务人员数量？

关于烟农专业合作社服务人员数量的确定，须考虑到一个规模经济的问题。合作社的规模是否扩大应当取决于当地植烟面积的大小、地区经济发展、机械化水平和烟农素质水平。然而，当合作社生产扩张的开始阶段，合作社由于会随着生产规模的扩大而使经济效益得到提高，就是规模经济；但是当生产规模扩张到一定的规模，也就是临界规模，合作社继续扩大生产规模，就会使经济效益下降，所谓的规模不经济。

同样，合作社根据自身资产规模和社员平均亩数来科学地制定社员数量，同时根据调研数据科学地制定合作社服务人员和作业人员数量。事实上，合作社人员需求与集约化种植程度呈负相关，即烟叶种植集约化程度越高，合作社所需作业人员数量就越少，反之则越多。因此，要精简服务人员，须做好三点：一是提高烟叶种植布局和设施建设的集中度，减少运行成本；二是精简作业工序，在兼顾质量的前提下减少作业用工；三是优化合作社作业的监督管理，提高作业效率。

75. 烟农专业合作社多元化经营的产业规模该如何控制？

发展烟农专业合作社的关键取决于合作社能否通过合法经营获取较好的规模效益。从其他农民专业合作社的实践来看，其发展趋势基本相同。一是纵向一体化，把农业产前、产中和产后都联结起来，通过延长产业链、拓宽合作领域，如大力发展购销、加工、保险、金融合作等增强合作社的实力。二是横向一体化，即合并、改组合作社，形成综合性的合作组织，以实现合作组织的规模效益，提升整个合作社的竞争力。对于烟农专业合作社，目前发展中的一个突出问题是经营效益不理想，组织竞争力不强。由于烟农专业合作社的盈利空间有限，因此积极发展烤烟生产环节以外的配套产业，充分利用空闲下来的人力及设施资源是未来发展的必经之路。目前，开展多元化经营的烟农专业合作社不仅数量很少，而且规模也很小，一方面是充分利用已有设施资源进行蔬菜、花卉、蘑菇等的种植，另一方面是在烟草公司的大力支持下发展诸如设施管护、农机维修、物资配送、有机肥堆制发酵等单户的烟农各自服务成本较高的配套产业。一些起步早、基础好、发展快的烟农专业合作社也想拓展能产生规模效益的农产品深加工、养殖业、保险、资金借贷等方面的业务，但苦于缺资金、缺技术尤其是缺人才而举步维艰。

烟农专业合作社开展多元化经营与实现以烟为主的目标实际上是一种博弈的过程。目前。多数烟农已逐步具备了规模经营意识，扩大经营规模的意愿也比较强烈。许多烟农赞同合作和在以烟为主的前提下发展其他配套产业，但配套产业的规模应控制在适宜的范围内，即所谓的适宜规模，可根据相关博弈理论模型来确定。如其他种植业的发展应建立在以烟为主的耕作制度上，以达到突出烟草在整个种植制度中的主体地位及提高烟叶质量的目的。对于养殖业来说，目前合作社发展相关的配套产业较少，因此初期规模不宜过大。其他配套产业如农机维修、设施管护等规模的设置普遍认可一个合作社一个服务部门的模式，以方便合作社统筹管理及为广大烟农提供服务。

综上所述，烟农专业合作社为烟区提供烤烟生产全程专业化服务是现代烟草农业的发展要求，也是烟农专业合作社持续发展的自我要求，因此配套产业的选择必须慎重，不能损害烤烟生产的利益。烟农专业合作社在开展多元化经营的过程中，应兼顾多方利益需求，实现烟农专业合作社的规模效益，应运用博弈理论的有关知识指导实践，以达到博弈均衡。

76. 烟农专业合作社如何开展信息化服务？

信息化是当今世界经济社会发展的大趋势，同时也是实现烟草农业现代化的重要手段。国家烟草专卖局在《关于加快推进综合服务型烟农专业合作社发展的指导意见》中明确了烟农专业合作社的五大职能定位，即烟叶生产服务、基础设施管护、适用技术推广、烟用物资供应和生产信息支撑。由此可见，提供信息化服务是烟农专业合作社顺应形势发展的必然选择。

烟农专业合作社开展信息化服务，首先应建立健全信息发布管理制度；然后通过烟草部门的帮扶，配套建设信息化设施设备；最后需要拓宽信息发布渠道，丰富信息传递形式。如通过建立合作社信息发布平台、发送短信、服务热线等方式为烟农提供生产技术、气象、病虫害预测预报等信息资源服务，满足烟农社会化生产和生活的需要。

77. 为什么要由烟农专业合作社聘用烟农辅导员？基于实际烟农专业合作社应怎样开展聘用工作？

一般来说，烟农辅导员应具有丰富的烟叶种植理论与实践经验，要求对烟叶的播种、移栽、大田培管、采摘、烘烤、分级进行全程指导参与。然而，随着烟农专业合作社专业化服务的不断推进，原来属于烟农辅导员的许多工作逐渐被烟农专业合作社所替代。因此，为了积极适应烟叶生产组织形式和管理方式的转变，烟农辅导员应由烟农专业合作社进行聘用，使其成为烟农专业合作社的中坚力量。

基于目前绝大部分烟农辅导员是烟草行业正式员工的实际情况，烟农专业合作社可采取两种聘用方式：一种是由合作社与县级烟草分公司签订业务外包协议，聘用烟农辅导员，支付其工资，烟站负责烟农辅导员的培训推荐和分环节技术考核验收，将烟农辅导员纳入合作社管理。另一种方式则是按照“身份不变角色变，待遇不变考核变”及“双向选择”的要求，将烟农辅导员放到合作社管理，待这部分人员退休后，再由合作社聘用。

78. 烟农专业合作社怎样做好基础设施管护工作？

《烟农专业合作社行业示范社评定办法》要求烟农专业合作社进行设施管护，“有设施设备管护制度、管护资金、管护责任人，设施设备完好”。

对于设施管护，应该明确一个主导思想：利用就是最好的管护。利用的过程中其实就内生了管护的主体与管护的资金来源，但是对于并不是任何单元都具备设施利用的条件，因此从机制的角度讲：小型的管护，如农机具的小范围维修、零部件更换等应该以专业队为主，中型的管护，如育苗工场、烘烤工场的检修维护，应该以合作社为主，大范围内的设施设备更新、维修、管护等，则需要由行业给予相应扶持，即“小修靠专业队、中修靠合作社、大修行业帮助解决”。合作社应建立相应的设施管护制度。在管护人员的落实上，既然基础设施的使用权、收益权都给了合作社，因此管护与维修责任的主体也要落实到合作社具体经营管理人员，应落实专人管护机制，做好设施管护记录，杜绝合作社“空心化”导致的“公地悲剧”，并加强维护人员的技术培训。

管护资金的来源上，可探索以下几种方式：一是在合作社服务定价环节就考虑到设施设备的折旧与维修，将一定的成本分摊到服务价格中去，让受益主体的烟农承担一小部分；二是从合作社经营收益中（或从公积金中）提取一部分设立专职管护基金；三是依托地方政府，作为地方利税的重要产业，应积极促成地方政府从烟叶税中提留一部分设立管护基金。

79. 烟农专业合作社怎样提高设施设备利用率？

由于烟叶生产所需的育苗工场、集群烤房、农机具及分级设施等往往具有较高的成本，因此烟农专业合作社应致力于通过提高设施设备的利用率来提高合作社收益，同时增强合作社的综合竞争力。提高设施设备利用率可采取以下途径：

（1）加强设施设备的日常维修保养是提高设施设备利用率的保证。可以采取的措施包括：①合作社可建立一支高水平的维修专业服务队，加大专业技术人员培训力度，保持技术队伍稳定；②完善相关管理制度，加强对设施设备的动态管理，对关键设备进行状态监测，减少设施设备的损坏次数；③健全设备维修档案，对设备发生故障的时间、部位、原因及解决方法和解决过程予以详细记录和保存，以便在日后的维修工作中参考、借鉴；④确保维修配件的供应。具有必要的易损件、常用件的备件库存及购置渠道；⑤正确有效运用设备保养、维修手段，科学地对在用设备作出技术经济分析，合理确定对设备的投入。

（2）加强设施设备的综合管理是提高设施设备利用率的基础。①加强前期管理，严格把关，给设施设备的使用、维修、保养创造一个良好的“先天”条件。选购的设备及修建的设施应做到生产上适用、经济合理、技术先进、运行可靠、维修方便。②对每道工序的设备进行质量分析和统计，不断改善和提高设备的性能、精度和效率。设备修理严格按照修理规范、技术标准进行。在设备修理中积极采用新技术、新工艺、新材料，把修理与改造、挖潜、增效结合起来，达到缩短修理周期、降低成本、保证质量的目的。③广泛开展设备点检，在采用设备状态监测、故障诊断等技术的基础上，坚持以状态维修为主的维修方式，努力缩短停修时间，降低修理成本。

一是扩大专业化服务规模。目前，专业化机耕、专业化植保等专业化服务还仅仅建立在烟农租用合作社农机自己操作的阶段，远远没有达到专业化的要求，也不能满足烟农需求。因此，合作社应该加大专业化服务的开展，充分利用合作社现有设施设备，提高设施设备利用。

二是利用基础设施，开拓高附加值其他经济作物。如利用育苗棚闲置期间，种水果、花卉，利用烤房培育食用菌，进行其他作物烘烤脱水，利用烟田后作轮作绿色谷物、蔬菜等；利用废弃物回收，实现绿色发展。开展多元化经营前，要做好市场的调研，以市场为导向，决定种植的经济作物。也可以引进第三方，利用第三方的技术、市场优势，合作开展多元化经营。

三是利用农机设备，开拓烟叶外的其他作物市场。如利用大型拖拉机的农闲时间，积极开展其他农作物地块的耕犁等。

80. 怎样创新完善烟农专业合作社的物资供应模式？

当前烟叶生产农用物资供应面临不少问题：①烟农在一个生产周期内需要反复采购，提高了人力成本；②假冒伪劣产品泛滥，产品质量较低；③大宗物资烟农运输成本较高；④物资市场价格较高；⑤烟农对农药、化肥的使用较盲目、不科学，使用效率较低。基于此，应由烟农专业合作社进行农用物资的批量采购和科学供应，降低农用物资采购成本，减少农户开支，科学利用农用物资，增加合作社的盈利，提高烟叶质量，保护生态环境。

(1) 物资采购。由烟农根据种植计划向烟农专业合作社提报烟用物资需求，汇总后，由合作社组织按招标程序，选择有资质的厂家进行比价采购烟用物资，同等质量比价格，同等价格比质量，选择质优价廉、服务好、信誉高的厂家，通过定点批量采购降低物资采购成本，杜绝假冒伪劣产品，指导烟农对烟用生产物资进行一次性集中订单采购。

(2) 物资仓储。合作社招标采购的烟用物资要及时入库，严格规范财务管理、仓储管理制度和出入库手续，确保做到账实相符，账账相符，遵循物资先进先出的管理制度，防止出现物资受潮、结块、变形、过期等问题。

（3）物流配送。利用合作社所有和烟农自有合作社租用的运输车辆组成专业运输服务队，通过烟农集中采购和集中发放的有利条件，及时调度满足烟农个性化需求，化零为整，由合作社专业队集中优化配送线路，降低物资运输成本，节约运力，提高效率。

（4）物资使用。利用合作社及烟站的技术优势，通过试验示范，带动烟农转变观念，积极采取新技术，新方法，运用现代信息化的手段指导好烟农科学合理、及时准确地使用化肥等烟用物资，解决烟农对化肥使用的随意性、盲目性，转变物资使用理念，运用先进技术，按照GAP的生产方法，体现“优质、高效、生态、安全”的烟草农业发展理念，通过标准化生产，实现精准施用，发挥物资使用的最大效益。

81. 烟农专业合作社应如何配置仓库和维修间？

烟农专业合作社应分别在各育苗工场配备物资仓库、各服务站配备农机仓库，以满足育苗、移栽打孔、机耕等专业化服务工作中物资、设备储存之需，并指定专人看管、养护、记录相关物资台账。

（1）育苗物资仓库。应在每个育苗工场配备一间物资仓库，用于堆放育苗棚、膜、基质等，育苗浮盘可指定单独育苗棚堆放，并利用育苗棚密闭性特点对其进行消毒处理工作。

(2) 农机仓库。应在每个服务站配备一间农机仓库，面积50平方米以上，用于堆放旋耕机、起垄机、移栽打孔器及相关附属配件等。

为解决农机维修难、农机维修贵等问题，提升农机维修能力，提升农机服务效率，合作社应组建农机维修队，对合作社自有农机进行维修养护，也可对烟农自购农机进行维修。

有条件的合作社，还可建设专业的维修间，配置必要的维修场地、设施、设备、检测仪器和相应的维修技术人员，有安全防护和环境保护措施。

(1) 从事农机维修经营的服务队员，应当依法取得相应的维修技术合格证书，持证上岗。

(2) 维修间的结构、设施应满足相应维修作业要求，水、电、气（必要时）等供给可靠，并符合安全、环保和消防等有关规定，地面应坚实、平整。

(3) 维修间的厂房面积应不少于40平方米，并应具备相应机具停放场地和条件，停放场地面积一般不少于60平方米。主要总成和零部件修理、装配、磨合、试验、检测作业应在厂房内进行。

(4) 维修间应配备必要的文件档案柜、零配件货柜（架）、工具仪器柜（箱）等设施。

维修间应配备《设备配置表》中所列的设备、工具和检测仪器。

设备配置表

序号	设备类别	设备名称	设备指标
1	清洗拆装设备	高压清洗机	工作压力1.5～3.5兆帕
2	专用拆装设备	组套	
3	吊装设备	起重量≤3T（带移动架）	
4	修理设备	空气压缩机	排气量0.5～1.0立方米/分钟 排气量0.5～1.0立方米/分钟
5	钻铣床	钻孔直径≤Φ40毫米/加工长度≤1 500毫米	
6	电焊设备	电焊机	功率≥7.5千瓦
7	氧-乙炔焊设备	组套	
8	砂轮机	砂轮直径≤Φ200毫米	
9	钳工工作台	≥800毫米×1 000毫米	
10	配套钳工工具	含虎钳、划线平台等组套	
11	气门座绞刀	组套	
12	气门与气门座研磨设备	组套	
13	充电机	12/24伏	
14	手工具	常用扳手及工具组套	
15	扭力扳手	组套	
16	千斤顶	起重量≤5吨	
17	手电钻	钻孔直径≤Φ13毫米	

82. 烟农专业合作社怎样健全服务质量评价体系？

《烟农专业合作社行业示范社评定办法》要求烟农专业合作社健全服务质量评价体系，具有完善的服务体系。客观公正的服务质量评价既是提升烟农专业合作社服务质量与效率的有效方法，也是提高烟农社员满意度和忠诚度的重要手段，因此，烟农专业合作社要探索建立内容规范、标准统一、指标量化的专业化服务质量评价体系。

建立服务质量评价体系首先应明确服务质量评价的主体，即烟草公司、烟农专业合作社及烟农。从这三个评价主体的角度出发建立一个三方综合评价模式。其中，烟草公司通过专业化服务业务流程、技术规程、作业标准以及培训过程、服务过程记录等可了解服务过程是否规范，但无法实时监督服务的每个过程，因此适合对结构质量进行评价。烟农专业合作社作为专业化服务的提供者，能够对服务操作和服务过程是否符合规定的操作规程和技术规范进行评价，并通过自身的技术知识观察和判断服务的效果，因此合作社是过程质量及结果质量中技术部分的最佳评价主体。烟农是专业化服务过程的亲历者，尽管他们不能从专业技术的角度评判服务提供过程是否都符合规范，但是他们仍能通过一些细节对服务质量进行评判。因此，烟农是结果质量中功能质量的最适合评价主体。其次是选取服务质量评价的指标，指标选取应遵循系统性、有效性、可操作性的原则。依据专业化服务的具体流程和要求将服务质量评价分解为若干层次的指标，然后对各项指标的含义、计算方法和评价标准进行解释，最后通过专家调查法、因子分析法、层次分析法等权重确定方法对各项指标进行赋权。最终形成一套科学合理的服务质量评价体系。

83. 什么是专业服务工序化作业？工序化作业的目的和意义是什么？

烟农专业合作社专业服务工序化作业是将烟叶生产中技术复杂、用工量大、便于集中作业的有机肥堆制、烟地深翻、育苗、旋耕、施肥、起垄、移栽、植保、采收、烘烤、分级等环节交给烟农专业合作社开展专业化服务，将每个服务环节划分若干道作业工序，制定每道工序的作业规范，根据工序设置工位，合理配置人员，明确工位职责，通过工序的科学优化、工位的合理设置、机械的充分使用，形成一个高效协调的基本作业单元，减少要素浪费，降低生产成本，从而实现减工降本增效的现代烟草农业发展目标。

84. 如何开展专业化有机肥积制的工序化作业？

（1）作业单元。按每批次生产成品 500 吨的有机肥堆制工场为1个作业单元，工场占地面积3 000平方米左右。

(2) 作业工序。

作业工序

工序	工位	设备	工效	时限（天）	人员（个）
秸秆收购	搬运	磅秤	40吨/天	20	1
	称重				1
	开票				1
秸秆粉碎	喂料	粉碎机2台	40吨/天	10	4
	机械操作				2
	转运				2
物料堆制	操作铲车	铲车1台	200吨/天	5	1
	添加辅料				1
	垛堆整形与盖膜				4
机械翻堆（三次）	操作翻堆机	翻堆机1台	500吨/天·次	6	1
	垛堆整形、揭盖膜				4
成品粉碎	操作铲车	铲车1台	100吨/天	5	1
	喂料				4
	操作	粉碎机2台			2
计量包装	装袋	装袋机1台	100吨/天	5	2
	称重计量				1
	缝袋				1

（续）

<table>
<tr><th>工序</th><th>工位</th><th>设备</th><th>工效</th><th>时限（天）</th><th>人员（个）</th></tr>
<tr><td rowspan="3">转运储存</td><td>转运</td><td>手推车</td><td rowspan="3">100 吨/天</td><td rowspan="3">5</td><td>1</td></tr>
<tr><td>装车</td><td></td><td>1</td></tr>
<tr><td>堆放及标识</td><td></td><td>2</td></tr>
<tr><td rowspan="2">配送到户</td><td>组织装运</td><td></td><td rowspan="2">50 吨/天</td><td rowspan="2">10</td><td>5</td></tr>
<tr><td>装车运输</td><td>运输车辆 5 辆</td><td>5</td></tr>
</table>

(3) 作业规范。

①秸秆收购。

作业时间：堆制前 20 天。

作业方式：1 人负责搬运，1 人负责称重，1 人负责开票。

秸秆类型：玉米、水稻、高粱等作物秸秆。

质量要求：所收购作物秸秆含水量≤20%，无重金属及农残污染，每吨秸秆能加工生产成品 0.5 吨以上。

注意事项：秸秆采购应使用统一的票据结算，并建立采购数量台账。每天所采购的秸秆应妥善保管，注意防火。

②秸秆粉碎。

作业时间：秸秆采购到场后及时组织进行粉碎。

作业方式：1 台粉碎机 4 人一组，2 人喂料、1 人控制机械操作、1 人负责粉碎后秸秆转运。

质量要求：粉碎后秸秆长度应小于5厘米。

注意事项：操作过程中应注意防止机械伤人、触电等安全事故发生。

③物料堆制。

作业方式：6人一组，1人操作铲车转运粉碎后的秸秆、1人添加发酵辅料，4人负责垛堆整形与盖膜。

物料堆制：堆制前先采取喷清水方式调节物料水分至65%～75%范围内，然后将秸秆平铺在最底层（厚30～40厘米），再按尿素和发酵菌用量将其均匀撒在秸秆上，完成第一层的堆制。按此方法交替堆制至90～120厘米高后用膜盖严实。

质量要求：堆制好的垛堆形状为梯形，下底宽200厘米、上底宽约100～120厘米、高度90～120厘米。

注意事项：堆制时在垛堆最底层应铺上一层未粉碎的秸秆，以防止通风沟被堵塞。

④机械翻堆（三次）。

作业时间：当发酵堆中心温度升至50℃以上，并维持5天后进行第一次翻堆，以后每10～20天翻堆1次，共翻堆3～4次。

作业方式：5人一组操作，1人操作翻堆机，4人负责垛堆整形与揭盖膜。对最后1次翻堆需要按规定添加油饼。

质量要求：翻堆后应将垛堆整形，保持梯形，下底宽200厘米、上底宽约100～120厘米。

注意事项：翻堆机必须专人操作，每次翻堆后应将垛堆用农膜盖严盖实。

⑤成品粉碎。

作业时间：物料发酵结束，水分含量低于 30%时进行粉碎。

作业方式：1 人操作铲车将发酵好物料转运至粉碎场地。1 台粉碎机 3 人一组，1 人负责粉碎机操作与控制，2 人负责喂料。

质量要求：发酵好的物料外观为褐色或黑褐色，无恶臭，粉碎后成品呈粉状、无残茬与机械杂质。

注意事项：发酵好的物料含水量过大时，应摊晾调节水分含量至 30%以内。粉碎操作过程中注意防止机械伤人等安全事故发生。

⑥计量包装。

作业时间：物料粉碎后及时操作，边粉碎边计量包装。

作业方式：4 人一组操作，2 人负责装袋，1 人负责秤重计量，1 人负责缝袋。

质量要求：每袋重量 25 千克，误差在±0.25 千克内，无漏包、破包现象。

注意事项：当天粉碎的成品应当天包装完毕。

⑦转运贮存。

作业时间：包装后及时将成品转运贮存。

作业内容：组织人员将装袋成品转运至临时库房存

放，采取4人一组轮换操作：1人使用手推车转运，1人负责成品装车，2人负责成品堆放与登记标识。

质量要求：库房清洁卫生，成品堆放整齐，垛与垛之间间距1米左右。每垛堆放包数一致，并标识装袋日期、堆放数量等。

注意事项：转运过程中应轻拿轻放，对出现的破包要重新进行计量包装。临时存放期间应防止成品被暴晒或雨淋。

⑧装车运输。

作业时间：根据与农户约定的时间组织成品装车运输。

作业内容：5人负责组织装运，5人负责操作运输车辆将成品配送到农户或约定的指定地点，并完善相关结算手续。

质量要求：无产品破损、数量损失现象发生，配送准确率与到位率达100%，结算手续齐全。

注意事项：持证上岗，产品运输过程中应防止暴晒或雨淋。

85. 如何开展专业化育苗的工序化作业？

(1) 作业单元。按照供苗面积2 000亩、16个单体育苗大棚为一个作业单元。

(2) 作业工序。

作业工序

工序	工位	设备	工效	时限（天）	人员（个）
大棚清理消毒	大棚清理消毒	机动喷雾器1台	4个单棚/人·天	4	1
浮盘清洗消毒	送盘		400盘/小时	5	1
	操作机械	浮盘清洗消毒机1台			1
	接盘				1
铺膜加水	铺膜加水	—	4个单棚/人·天	2	2
装盘播种	转运	推车	400盘/小时	5	1
	送盘				1
	操作机械	装盘播种机1台			1
	接盘				1
运盘入池	转运	推车	1 600盘/人·天	5	1
	入池				1
水肥、温湿度控制	水肥、温湿度控制	—	—	60	1
间苗定苗	间苗定苗	—	100盘/人·天	5	32
剪叶炼苗	剪叶炼苗	剪叶机1台	4个单棚/台·天	4	2
成苗配送	搬运上车	专用运输车2辆	400盘/车	5	4
	运输发放回收				2

(3) 作业规范。

①大棚清理消毒。

作业时间：育苗前20天清除大棚内外杂物，平整苗池后立即消毒。

作业方式：在大棚内用25%的甲霜灵或37%福尔马林200～300倍溶液进行喷雾，立即密闭大棚3～5天。对棚外四周的空地、沟渠、走道，喷洒3%的生石灰水或二氧化氯等卫生消毒药剂进行消毒处理。

质量要求：苗池水平，土粒细碎，消毒彻底，大棚内外无杂物。

注意事项：大棚消毒人员必须佩带防护服，标识消毒完的设施设备，播种育苗提前3～5天卷起棚膜、打开门窗通风。

②浮盘清洗消毒。

作业时间：育苗前10天用浮盘清洗消毒机清洗消毒。

作业方式：操作浮盘清洗消毒机对漂盘进行冲洗消毒，1人送浮盘，1人操作机器，1人接浮盘。

质量要求：浮盘无杂物，消毒彻底。

注意事项：避免消毒药剂伤害操作人员及他人，浮盘干燥无异味后才能使用。

③铺膜加水。

作业时间：播种前完成铺膜加水。

作业方式：检查池底，清除尖锐物，铺膜并固定池、膜，检查是否漏水，水深5厘米。

质量要求：池膜平整，水深一致，池水清洁无污杂。

④装盘播种。

作业时间：根据移栽期确立合理的播种时间，1个作业单元5天内完成。

作业方式：采用装盘播种机操作，1人转运漂盘，1人送浮盘，1人操作机器，1人接浮盘。

质量要求：基质水分适中，装盘基质松紧适度，播种均匀，90%以上孔穴为1粒种子，无漏播。

⑤运盘入池。

作业方式：播种结束的育苗盘及时运至育苗大棚入池，1人负责用手推车将漂盘送入大棚，1人负责将漂盘入池。

质量要求：摆放整齐无空隙。

注意事项：预防病菌、杂物带到育苗池。

⑥水肥、温湿度控制。

作业时间：在播种到成苗的全过程。

作业方式：施肥分2次，施肥浓度为0.1%～0.2%。播种期1次，间苗后1次。温湿度每天观测记录3次，早、中、晚各一次。在大十字前要注意保温，促进种子早萌发；后期要注意降温，超过35℃要及时降温。大棚湿度偏高的时候要及时通风排湿。详细记录水肥、温湿度控制过程。出现病虫害以后要及时防治。

注意事项：防低温冻害和高温烧苗。

⑦间苗定苗。

作业时间：在大十字前完成，1个单体大棚1天内完成。

作业方式：组织32人开展间苗定苗，2人负责1个单体大棚，确保1穴1苗。

注意事项：做好消毒工作，防止病毒传染。

⑧剪叶炼苗。

作业时间：封盘以后剪叶一次。

作业方式：采用剪叶机剪叶，不伤心叶，控大促小，一个大棚当天剪叶结束。及时对剪叶机进行消毒，并将碎叶集中处理。

质量要求：壮苗率达95%以上，无病虫危害。

⑨成苗配送。

作业时间：移栽当天发苗，当天收盘。

作业方式：根据移栽时间，4人负责将当天需要配送的烟苗搬运上车，2人负责驾驶运输车辆将烟苗集中运到移栽田块，烟苗移栽结束后，将漂盘集中拉回。

质量要求：烟苗损伤比例在5%以内。

注意事项：持证上岗，防止烟苗损伤、浮盘损坏和发苗地点错误。

86. 如何开展专业化机耕的工序化作业？

(1) 作业单元。按照1 000亩左右的烟田为1个作业单元，配套相应机械，由专业机耕人员统一开展烟地机械深翻、整地、施肥、起垄等服务。

（2）作业工序。

作业工序

工序	工位	设备	工效	时限（天）	人员（个）
烟地深翻	烟地深翻	中大型拖拉机 1 台，配备铧式犁	25 亩/天	40 天	1
整地	整地	中大型 1 台	25 亩/天	20 天	1
		小微型 5 台	25 亩/天	20 天	5
施肥起垄	施肥	轻简施肥车	20 亩/天	20 天	3
	起垄	中大型 1 台	25 亩/天	20 天	1
		小微型 5 台	25 亩/天	20 天	5
拔秆	拔秆	拔秆机 151 型以上 2 台	20 亩/天	50 天	2

（3）作业规范。

①烟地深翻。

作业时间：每年 10 月至 12 月

作业方式：采用中大型机具、配备铧式犁开展统一作业。

作业标准：翻地深度 30 厘米以上，无漏耕漏铧现象。

注意事项：持证上岗，操作前应对机具进行安全检查，作业过程中应防止安全事故发生。

②整地。

作业时间：每年 2 月上旬至 3 月中旬。

作业方式：交通方便、地势平坦、面积较大的地块采用中大型机具作业，缓坡地或面积较小的地块采用小微型机具作业。

作业标准：深浅一致，土表平整、土块细碎、土层疏松。

注意事项：持证上岗，作业前要进行试作业，认真检查和调整机具，发现问题及时解决。

③施肥起垄。

施肥：

作业时间：每年 2 月中旬至 3 月下旬。

作业方式：使用轻简施肥车统一作业。

作业标准：施肥带宽度 15～20 厘米，同一地块标准统一，行直且施肥量均匀一致。

注意事项：作业前应将底肥混匀，拉绳确定好施肥带。

起垄：

作业时间：施好底肥后及时起垄。

作业方式：交通方便、地势平坦、面积较大的地块采用中大型机具作业，缓坡地或面积较小的地块采用小微型机具作业。

作业标准：垄高 30～35 厘米、垄底宽 70～80 厘米、垄顶宽 30～40 厘米，做到垄体饱满、垄土细碎，垄直行匀。

注意事项：保持施肥带位于垄底中间，防止肥料被机械带出。持证上岗，避免安全事故发生。

④拔秆。

作业时间：采收结束后及时拔除烟秆。

作业方式：使用中大型动力机械配套专用拔秆器具作业。

作业标准：烟秆连同烟株根系一并拔除。

注意事项：作业前先清除田块残膜，持证上岗，并检查和调整好机具，发现问题及时解决。

87. 如何开展专业化移栽的工序化作业？

(1) 作业单元。按照500亩烟田为1个作业单元（20座烤房）。由10人组成1个作业小组，配备1台打孔机，2人打孔、4人投苗、4人浇淋定根水，每天作业20亩。

(2) 作业工序。

作业工序

工序	工位	设备	工效	时限（天）	人员（个）
制作井窖	制作井窖	打孔机5台	100亩/天	5	10
投苗	运送漂盘	—	100亩/天	5	10
	投苗	—			10
浇定根水	运送水	—	100亩/天	5	10
	浇水	—			10

(3) 作业标准。

①井窖制作。

作业时间：移栽当天制作井窖。

作业方式：2人轮班操作一台打孔机，按照株标地膜标识定点制作井窖，井口呈圆形，直径8～10厘米，井深

19～20 厘米。

②投苗。

作业方式：2 人负责漂盘运送和回收。2 人负责垂直提着烟苗叶片，苗根向下，将烟苗垂直轻投于井窖内。

注意事项：避免烟苗根部基质松散、脱落。

③浇定根水。

作业方式：2 人负责按 100 千克水兑 0.5～0.75 千克追肥，适量添加菊酯类防虫农药，并运送定根水。2 人负责根据墒情每井浇淋 100～200 毫升定根水。

注意事项：根系基质充分与土壤接触。

88. 如何开展专业化采收烘烤的工序化作业？

(1) 作业单元。按照 10 座密集烤房、覆盖面积 250 亩、烘烤烟叶 500 担为一个作业单元。

(2) 作业工序及工位。

作业工序及工位

工序	工位	设备	工效	时限（天）	人员（个）
采收上炕	采收		2 炕/天	—	6
	鲜烟叶运输	运输车 1 台		—	1
	打捆			—	2
	上炕				2

（续）

工序	工位	设备	工效	时限（天）	人员（个）
烘烤	工艺控制		1工场/人	60	1人/工场
	司炉操作		50炕/人	60	1
	辅助服务		1工场/2人	60	2人/工场
	回潮下炕	回潮机1台	—	—	2

注：烘烤工场设置1名工艺控制人员和2名辅助服务人员，司炉操作人员根据烤房数量，每10座烤房设置1名。集群烤房内，每10座烤房设置2名司炉操作工，负责设置烘烤曲线、添煤、清理煤渣及卫生。有条件的烘烤工场和烤房群实行采、烤一体化作业。

(3) 作业规范。

①采收上炕。

烟叶采收：

作业时间：移栽后60天左右处理底脚叶，70天左右采收第一炕，以后7～10天采收1次。

作业方式：根据烟叶上、中、下不同部位的成熟特征进行烟叶采收，每次单株采收2～3片。组内2人采烟，2人将烟叶运送到装车点，2人装车。

质量要求：不采生、不漏熟，同炕烟叶部位一致，品种一致。

注意事项：采收宜在早上和下午，不能在中午太阳大时采收；采收量要与烤房容量配套；采收的烟叶要尽量避免挤压、日晒，防止损伤烟叶。

鲜烟叶运输：

作业方式：将采收的鲜烟叶及时装车，并安全运输到烤房。

质量要求：按照叶尖向内，叶柄向外，整齐堆放，避免烟叶在运输中受到机械损伤。

注意事项：根据机动车的载重量和车厢容量装载烟叶，不能超载超容；安全驾驶，避免安全事故的发生。

打捆上炕：

作业时间：采收的烟叶当天打捆上炕。

作业方式：组内2人按欠熟、成熟等档次对烟叶进行分类打捆、2人装炕。

质量要求：每捆烟叶的成熟度要基本一致，每捆的叶片数、松紧度基本一致，叶基部整齐；烟叶分类装炕，变黄快的鲜烟叶及过熟叶、轻度病叶装在底层，成熟度好的烟叶装在中层，欠熟的烟叶装在上层，烟叶叶柄向下，叶尖向上，均匀堆放在烟架上，以自然堆紧为宜（每平方米堆烟约50～60千克），上部烟叶可稍微挤压，以增加装烟量。

注意事项：打捆以自然捆为宜，不能过紧；装烟时同层烟叶稀密必须一致。

②烘烤。

工艺控制：

作业方式：按照密集烤房散叶烘烤工艺，根据烟叶品种、部位设置好烘烤曲线，并指导司炉工做好烘烤工作。

质量要求：无蒸片、倒汗烟叶，青杂烟控制在5%以内。

注意事项：随时观察调制过程中烟叶的变化，及时调整烘烤曲线。针对设备损坏、停电等特殊情况，及时采取应急措施。

司炉操作：

作业方式：搞好煤炭的添加和煤渣清理工作。保证设备正常运行。

质量要求：烧小火时不能熄火，烧大火时不能掉火，做到排湿及时。

注意事项：避免安全事故发生。

辅助服务：

作业时间：烘烤前 20 天开始到烘烤结束。

作业方式：及时将煤炭从堆煤场运至烤房炉门旁，清除烤房煤灰，打扫工场卫生。

质量要求：确保每座在烤烤房炉前有煤炭，做到烤房炉门旁无煤灰，工场环境卫生清洁。

回潮下炕：

作业时间：烟叶烘烤结束、烤房内温度降到 50℃时开始回潮，回潮后的烟叶支脉发软、不易折断，叶片发软、不易破碎时开始下炕。

作业方式：操作回潮机对烟叶进行强制回潮，快速下炕。

质量要求：回潮不能过度，避免造成潮红烟；下炕应轻拿轻放，避免烟叶造碎。

89. 如何开展专业化分级的工序化作业？

(1) 作业单元。按照分级数量1万担的收购线为一个作业单元。

(2) 作业工序及工位。

作业工序及工位

<table>
<tr><th>工序</th><th>工位</th><th>设备</th><th>工效</th><th>时限（天）</th><th>人员（个）</th></tr>
<tr><td rowspan="2">调度</td><td>排序调度</td><td>调度台椅1套、水分检测仪1套</td><td rowspan="6">180担/天</td><td>60</td><td>1</td></tr>
<tr><td>辅助服务</td><td>推车5台</td><td>60</td><td>5</td></tr>
<tr><td rowspan="3">分级</td><td>不适用烟叶剔除</td><td rowspan="3">分级台椅30组、标准光源30组、烟框180个</td><td rowspan="3">60</td><td>30</td></tr>
<tr><td>分组</td><td>30</td></tr>
<tr><td>分级</td><td>30</td></tr>
<tr><td>纯度检验</td><td>纯度检验</td><td></td><td>60</td><td>8</td></tr>
</table>

(3) 作业规范。

①调度。

排序调度：

作业方式：审核烟农分级合同、约时定量交售计划，对待分级烟叶进行排序，分配到具体的分级台。

质量要求：有序调度，确保待分烟叶均衡分配。

辅助服务：

作业方式：根据分级调度指令，将烟农待分级烟叶运至分级台；将分级检验合格的烟叶运至收购区；搞好分级区、调度区环境卫生。

注意事项：保证通道通畅。

②分级。

不适用烟叶剔除：对照分级样品，剔除青杂等不适用烟叶。

分组：对照分级样品，将烟叶按照部位、颜色进行分组。

分级：对照分级样品，对烟叶进行分级。

③纯度检验。

作业方式：对照分级样品，指导分级工分级，对分级烟叶进行验收，不合格烟叶及时组织分级返工。

质量要求：确保进入收购区烟叶分级质量达标。

运营成效篇

90. 烟农专业合作社怎样发动烟农入社？

烟农专业合作社要发展壮大，首先要解决如何吸引烟农入社的问题。作为自愿联合、民主管理的互助性经济组织，烟农专业合作社的生存和发展依赖于社员的持续惠顾。因此，组织和发动烟农入社是合作社发展壮大的关键，也是设立烟农专业合作社的首要工作。

首先要解决烟农所需。广泛吸收烟农加入合作社，最快捷的途径就是让烟农看到合作社存在的前提下，烟叶生产真正达到了减工、降本、提质、增效的目标。烟农眼中看到的是实实在在的利益，劳动强度降低了，劳动成本减少了，烟农切切实实感受到了，自然而然烟农就会加入合作社，由此就会吸引更多的烟农加入。

其次要搞好宣传工作。组织烟农认真学习《农民专业合作社法》，正确认识什么是烟农专业合作社，让烟农了解参加合作社会有什么好处；另一方面，还要宣传成为烟农专业合作社成员的条件及权利、义务。通过这些工作，使烟农对合作社有一个正确的认识和心理准备，并通过自己的判断，自主做出是否加入合作社的决定。也只有这样做，烟农专业合作社的发展才会有一个良好的开端。

91. 怎样提高社员对烟农专业合作社的满意度？

社员是烟农合作社的基础，烟农专业合作社应以服务社员为宗旨，不断提升社员对合作社的满意度。①烟农专业合作社要加大服务力度，提高服务水平，努力降低生产环节成本和管理环节费用，增加烟农收入。②烟农专业合作社要不断进行自我完善，努力提高综合竞争力，着重开展合作社文化建设，在以优质的服务留住现有社员的基础上吸收新社员加入。③烟农专业合作社要从社员的实际需求出发，丰富服务形式，增强服务功能，提高社员对合作社的满意度。④烟农专业合作社还要基于自身盈利状况，制定详细的盈余分配方案，通过开展盈余分配将合作社经营成果与社员努力结合起来，可以起到激励社员的效果，有利于提高社员满意度。

92. 如何提高合作社对烟农社员的凝聚力？

烟农合作社是烟农的合作社，烟农是烟农合作社的基础，但是目前的烟农合作社建设存在以下问题：烟农组织观念淡薄，没有从思想上认为是合作社的一员；合作社对社员的透明度不够，导致烟农对合作社运行不熟悉；烟农对合作社有抵制情绪，部分地区存在烟农被入社现象。因此应该从以下几个方面加强合作社凝聚力。

（1）提高服务水平。提高施肥、中耕、植保、烘烤等环节专业化服务水平，满足烟农需求；加大技术人员组织和培训，特别是烘烤、分级等专业技能人员的技术培训与技能鉴定。

（2）提高透明度。提高财务、业务透明度，严格执行财务、业务公示制度，公示地点选择要放在烟农集中、容易阅读的地方。

（3）组织社员活动。每年都有计划地组织烘烤、分级等技能竞赛，每年都分环节组织种植高手、烘烤高手、分级高手等的选拔，每年组织一次以上烟农运动会，或者组织当地有特色的烟农活动。有条件的合作社，可以组建党支部，积极开展支部活动。

（4）加大合作社宣传。根据年初预算和年终财务结余情况，及时的组织分红，在村委会显眼处张贴宣传画等形式加大合作社宣传力度。

93. 烟农专业合作社怎样减少专业化服务争议？

烟农专业合作社应努力提升专业服务队的服务能力和

服务质量，降低专业化服务争议的发生次数。

首先，要加强对服务队员的技术培训，提高队员的专业化服务水平，同时重视队员服务态度的优化；其次，要健全专业化服务流程、统一服务标准等服务体系；再次，在与社员（烟农）签订服务协议时明确细化双方权利、义务、服务标准和违约责任；最后，要对专业化服务过程、结果建立完备的考核管措施，并强化监督、考核。

94. 烟农专业合作社怎样避免生产安全（质量）事故发生？

重大安全（质量）事故的发生，不仅会对合作社造成直接的经济损失，同时也会造成严重的社会负面影响。因此，烟农专业合作社应重视安全问题，采取各项措施避免生产安全（质量）事故的发生。

一是加强队员的安全培训，进行安全告知。管理部门认真梳理各项专业化服务过程中的危险源、安全隐患等因素，在专业化服务前对队员进行针对性安全培训、安全告知。

二是加强设施设备的检修维护，对存在安全隐患的设施、设备进行修理、更换，做到先安全后生产。

三是落实安全责任，服务前与专业队员签订安全责任，做到责任划清、责任到岗到人。

四是针对危险工种，如机耕专业队员，应为其购买人身意外伤害保险，保障队员在专业化服务过程中的人身安全相关事宜。

95. 如何有效降低烟农专业合作社社员的生产成本？

随着烟用生产物资成本和用工成本的不断增加，种烟比较效益持续下降，烟农增收空间变窄。在烟叶收购价格提升空间有限的情况下，如何通过有效降低烟农的生产成本，增加种烟收入和多元化收入成为当前烟农专业合作社亟须解决的问题。目前烟农专业合作社降低烟农社员生产成本的途径有：

（1）通过开展精准服务，减少要素浪费，降低用工成本。所谓精准服务，即专业服务工序化作业，具体就是将烟叶生产中技术复杂、用工量大、便于集中作业的服务环节划分为若干道作业工序，制订每道工序的作业规范，根据工序设置工位，合理配置人员，明确工位职责，通过工序的科学优化、工位的合理设置、机械的充分使用，形成一个高效协调的基本作业单元，从而实现减工降本、提质增效的现代烟草农业发展目标。

（2）通过建立健全烟叶生产保障体系，降低烟叶生产中的风险成本。由于烟叶生产前期投入大，用工多，生长期长，易遭受洪涝、冰雹袭击等自然灾害，导致质量、产量极不稳定，且烤烘技术要求高，烟农种植烟叶的收益得不到保障，因此，应进一步完善烟叶生产保障体系，以保护烟农的利益。

（3）通过统一购买烟叶生产物资，降低烟叶生产中的物资成本。尽管烟农专业合作社不具备大农业领域合作社在产品销售中的议价功能，但仍可以在物资购买上发挥作用，帮助烟农以批发价统一购买烟叶生产物资，增加烟农收入。

（4）研究推广引进新技术和新方法。不断加大烟叶生产技术创新，总结生产中易推广、效果好的关键技术，促进减工降本、提质增效。

（5）增加多元化收入。加强农地膜、秸秆等废弃物的回收利用，探索育苗大棚、烤房等设施设备的综合利用，多渠道增加烟农收入。

96. 烟农专业合作社怎样塑造良好的社会形象？

随着现代社会的不断发展，社会形象越来越成为合作社在竞争中发展制胜的重要因素。塑造良好的社会形象，对于增强合作社的凝聚力和竞争力，乃至于整个合作社的生存和发展都起着至关重要的作用。因此，国家烟草专卖局在《烟农专业合作社行业示范社评定办法》中要求烟农专业合作社应“享有良好的社会声誉”。

烟农专业合作社在塑造良好的社会形象时可从社员行

为、管理行为、经营行为和处理危机的行为 4 个方面入手。

第一，社员是合作社面对公众的直接窗口，其行为直接影响到公众对合作社态度的形成。社员的一言一行能反映出合作社的经营理念和价值取向。许多合作社由于忽视对社员行为的规范，导致合作社形象受损。因此，烟农专业合作社应使社员充分认识到其行为对组织形象建设的重要性，把规范行为变为发自内心的自觉行动。

第二，管理行为指烟农专业合作社组织专业服务队完成专业化服务任务的行为，内容广泛，相互衔接，相互制约，构成一个管理体系。合作社运用科学合理、先进适用的管理行为和方法对各服务环节进行管理，必将得到公众的认知和评价，从而树立起合作社管理科学、先进严格的形象。

第三，合作社的经营行为直接影响到公众对合作社形象的判断。在合作社的经营管理过程中，可借助公关活动来提高自身形象。展示合作社形象的公关活动往往具有媒体权威性高、传播面广、传播快等特点。合作社可以通过赞助某项公益事业、联合媒介举办活动等来实现。

第四，在合作社开展服务的过程中，难免会遇到一些突发危机，一旦处理不慎，对合作社可能就是致命的打击。面对危机合作社的行为要慎之又慎，本着公众第一、公开第一的原则，及时处理。合作社管理层必须诚恳、真实地在第一时间内告知公众事情经过，并提出解决方法。

97. 怎样有效推广烟农专业合作社示范社的模式经验？

烟农专业合作社是烟叶可持续发展的重要组织保证，其建设水平的高低影响现代烟草农业的进程。因此，要按照国家烟草专卖局的要求：通过“树立一批建设与发展先进典型，在各产区形成可复制、可推广的建设模式”，“实现模式、制度、机制、拓展、创新、效益的示范效果”，从而提高烟农专业合作社的整体建设水平。

在推广烟农专业合作社示范社的优秀模式经验时，应综合采取不同的方法和形式，确保模式经验推广达到良好的效果：

(1) 组织各烟农专业合作社负责人或职业经理赴外地实地参观考察烟农专业合作社示范社的建设情况，学习借鉴其先进经验。

(2) 成立烟农专业合作社理事长协会，以协会为交流主体，加强各烟农专业合作社之间的合作。为各合作社理事长搭建一个业务信息交流的平台，从而使示范社的模式经验得到更好地推广。

(3) 以烟农专业合作社示范社表彰大会为契机，总结交流各示范社的好做法、好经验，激励其他烟农专业合作社向示范社学习。

(4) 通过解剖典型，及时总结典型经验，将烟农专业合作社示范社的优秀经验汇编成学习材料在各产区分发，不断扩大示范效果。

98. 烟农专业合作社怎样做到规范与发展并重？

烟农专业合作社不仅要根据实际情况逐步加快发展，而且在发展的同时还应注意遵循相应的法律规范。只有将规范与发展相互结合起来，烟农专业合作社的发展才是健康和可持续的。因此，烟农专业合作社首先要建立健全决策议事、社务公开、培训学习及社员管理联系等基础的内部管理制度，明确社员代表大会、理事会、监事会、经营层责任和义务，并严格执行。通过提高合作社的管理水平带动其规范运行。第二，提高经营水平，在开展专业化服务时各种手续和程序应合法具体，每个环节做到透明、清晰，并保留文字和图片资料；严格执行专业化服务后续的监督和考核，确保服务质量高、服务到位。第三，财务管理过程要做到规范透明。烟农专业合作社应在烟草公司或者地方农经站的指导下建立合法规范的财务管理及会计核算制度。依法建立成员账户和档案，加强对烟农专业合作社的内外部审计监督，努力维护烟农的根本利益，保证其不受侵害。最后还应完善盈余分配机制，保证烟农社员都能享受到行业补贴量化形成的资产优惠。

职业烟农培育篇

99. 为什么要培育职业烟农？

职业烟农培育既是贯彻落实中央的要求，也是顺应行业发展新形势、烟农发展自身的需要。

（1）贯彻落实中央的要求。随着现代化的加速发展，农村大批青壮年劳动力流向城市，现有劳动力大幅减员且老龄化、女性化和低素质化，农业生产兼业化，农地经营粗放甚至抛荒，农业生产后继乏人，严重影响着农业生产力的提高，成为困扰现代农业加快发展的难题。2013—2015 年连续三年中央 1 号文件提出大力培育新型职业烟农的战略要求，着力解决“谁来种烟”的问题。烟农作为农民的一部分，同样面临着职业化形势需要。

（2）行业稳定发展需要。近年来随着现代烟草农业的纵深推进，户均种植规模稳步提升，2015 年，贵州省烟农户均种烟面积 17.6 亩，较“十一五”末增加 6 亩，较全国平均水平高 7 亩；烟农数量逐年下降，由 2007 年的 33.6 万户下降到 2015 年的 13.2 万户，年均减幅达 11%，面对烟叶新常态，省局（公司）主动调整发展思路，不断优化烟农队伍，引导培育骨干、铁杆烟农适度规模种植，提高烟农职业化水平，走规模效益发展路子，稳定种植主体，破解烟叶生产后继乏人的难题，2015 年出台了职业烟农培育指导意见，2016 年出台了职业烟农培育细则。

（3）烟农自身发展的需求。近年来，烟农通过租赁、互换、转包等形式流转土地，扩大规模种植，据统计，全省 20 亩以上的种植专业户 4.3 万户，占烟农总户数的 32.7%，种植面积 146 万亩，达到 60%以上，已成为烟叶生产的主要经营主体。随着种烟规模增加，烟农急需通过教育培训、政策扶持，提高经营管理水平和抵御自然灾害能力，走职业化发展路子，据调查统计，20 亩以上的烟农种植专业化、职业化意愿较为强烈。

100. 烟草行业如何抓好职业烟农培育工作？

各级烟草部门要坚持“行业引导、烟农自愿、严格标准、动态管理”的基本原则，科学设计评价考核标准，开展职业烟农评定、差异化服务和动态管理，扎实开展教育培训，培育一批“以烟为主、精于种烟、年种植 20～50 亩”职业烟农。

（1）扎实开展评定考核。市、州烟草公司为职业烟农评定主体，要按照“启动、申报、初评、考核、公示、发证、建档”流程，组织县级分公司开展职业烟农评定工作；

要按照《贵州省职业烟农评定与管理试行办法》（见附件），根据产区生产实际，选择评定指标，确定指标权重，细化职业烟农评定标准，编写职业烟农等级考核教材及试卷。县级分公司要积极向烟农宣传职业烟农各项政策，及时收集烟农申报信息，汇总核实后，对照职业烟农评定标准，对烟农进行初评；对初评合格的烟农进行集中培训和考核，根据考核结果，将烟农评定为高级、中级、初级职业烟农。考核结果要在烟农对应的乡镇、村和烟站进行公示，公示无异议后报送省局（公司），由省局（公司）技能鉴定站下发职业烟农资格证书。要按照“一户一档”的要求，建立职业烟农档案，并录入烟叶生产信息系统。

（2）开展评定动态管理。要对职业烟农进行动态管理，每年组织开展一次职业烟农评定考核，及时吸纳新的职业烟农。对连续3年符合或超过该级别评定标准的职业烟农，要及时提高职业烟农级别；对连续3年不符合该级别评定标准的职业烟农，要及时降低职业烟农级别。对不再种烟、套购倒卖烟用物资、倒买倒卖烟叶的职业烟农，取消资格，并在3年内不得参加评定。

（3）实施差异扶持补贴。在维持生产投入总额不变的情况下，对高级、中级、初级职业烟农和传统烟农实行差异化扶持补贴。要将烟叶种植收购计划向职业烟农倾斜，并优先满足职业烟农专业服务需求。可适当调增职业烟农专业化服务补贴，适当提高职业烟农参保资金和最高理赔金额；对职业烟农给予适当烟地流转补贴。要积极协调和帮助职业烟农银行贷款、购买新农村合作医疗保险等，积极探索对职业烟农进行子女上学奖励、节假日慰问活动，积极争取地方政府惠农政策向职业烟农倾斜。

（4）积极引导土地流转。进一步优化烟叶种植布局，提高烟田集中连片程度，依托村委会、县乡土地流转中心等，协调职业烟农开展土地流转，帮助职业烟农解决规模化种植所需烟田。依照“依法、自愿、有偿”原则，探索建立以烟农专业合作社为平台的土地流转机制，指导合作社建立土地资源信息库，统一规划、集中流转基本烟田，优先保障职业烟农所需烟田，促进规模化生产。

（5）加大宣传和培训力度。采取多种形式，加强宣传引导，树立典型，激发烟农积极性、主动性，引导烟农走职业化道路。要建立健全职业烟农培训机制，构建培训体系，整合培训资源，通过印发资料、办培训班、现场交流等多种形式，从生产技术、经营管理和政策法规等方面，开展职业烟农培训，提高经营水平和管理能力。

（6）提高精准管理和专业服务水平。按照规范、提升、拓展的工作思路，加强烟农专业合作社建设，构建“全面覆盖、全程服务”的专业化服务体系，为职业烟农提供及时、优质的专业化服务。要深化“片区服务、网格实施”的烟叶生产精准管理模式，提高烟叶生产精益管理水平，构建新型的烟农服务模式，对烟农提供多渠道、多方式的生产服务，及时帮助烟农解决生产中遇到的问题，为职业烟农培育营造良好的环境。

附　录

关于开展农民专业合作社示范社建设行动的意见

农经发〔2009〕10号

各省、自治区、直辖市、计划单列市、新疆生产建设兵团农业（农林、农牧）厅（委、办、局），发展改革委，科技厅（委、局），司法厅（局），财政厅（局），商务主管部门；中国人民银行上海总部，各分行、营业管理部、省会（首府）城市中心支行；国家税务局、地方税务局，工商行政管理局，质量技术监督局；各银监局；各直属检验检疫局：

为贯彻落实《中共中央　国务院关于2009年促进农业稳定发展农民持续增收的若干意见》提出的“加快发展农民专业合作社，开展示范社建设行动”的要求，农业部会同国家发展和改革委员会、科学技术部、司法部、财政部、商务部、中国人民银行、国家税务总局、国家工商行政管理总局、国家质量监督检验检疫总局、中国银行业监督管理委员会等部门，从2009年起组织开展“农民专业合作社示范社建设行动”。主要依托部、省、市、县四级平台，在全国择优培育扶持一批经营规模大、服务能力强、产品质量优、民主管理好的农民专业合作社，使之成为各产业领域的示范社，率先成为引领农民参与国内外市场竞争的现代农业经营组织。为此，提出以下意见。

一、充分认识开展农民专业合作社示范社建设行动的重要意义

当前，农民专业合作社蓬勃发展，为提高农民进入市场的组织化程度、建设现代农业、促进农民增收做出了积极贡献。但从总体上看，农民专业合作社还处于发展的初期阶段，不少农民专业合作社内部管理有待规范、市场竞争力有待提高、带动农户能力有待增强，需要不断加大培育和扶持力度。近年来，各地通过开展多种形式的农民专业合作社示范社建设活动，总结典型经验，扩大示范效应，有力推动了农民专业合作社规范快速发展。实践证明，通过开展农民专业合作社示范社建设，树立一批可学可比的典型，发挥示范引路作用，引导农民专业合作社完善运行机制，增强内部活力和发展后劲，是推动农民专业合作社规范化、上水平发展的一种有效措施，是探索新形势下政府指导农民专业合作社发展、提高服务水平的有效

工作方法。开展农民专业合作社示范社建设行动，是贯彻落实党的十七届三中全会和今年中央1号文件精神、指导和促进农民专业合作社加快发展的重要举措，具有重要的现实意义。各地各有关部门要高度重视，进一步提高认识、创新思路、加大力度，确保有效地推进农民专业合作社示范社建设行动。

二、开展农民专业合作社示范社建设行动的指导思想和主要目标

开展农民专业合作社示范社建设行动，要以邓小平理论和“三个代表”重要思想为指导，深入贯彻落实科学发展观，全面贯彻党的十七届三中全会和今年中央1号文件精神，始终围绕把农民专业合作社培育成为引领农民参与国内外市场竞争的现代农业经营组织的战略目标，牢牢把握服务农民、进退自由、权利平等、管理民主的核心要求，牢固树立扶持农民专业合作社就是扶持农业和农民的观念，紧紧抓住扶持农民专业合作社加快发展的关键环节，引导支持农民专业合作社加强内部制度建设，夯实产业发展基础，提高产品质量水平，增强市场竞争能力，促进农业稳定发展农民持续增收。

通过开展农民专业合作社示范社建设行动，努力使农民专业合作社制度建设更加健全、内部管理更加规范、市场竞争能力明显提高、带动农户能力明显增强，60%以上的农民专业合作社实现标准化生产、品牌化经营、规范化

管理，成员收入比当地未入社农户高10%以上。示范社标准化生产率达到100%，主要生产资料统一购买率达到80%以上，产品统一销售率达到80%以上，商标注册率达到90%以上，参与“农超对接”的达到50%以上，成员收入比非示范社成员收入高出20%以上。经过几年努力，使一批示范社率先成为引领农民参与国内外市场竞争的现代农业经营组织，引导和带动各类农民专业合作社又好又快发展。

三、开展农民专业合作社示范社建设行动的主要内容

开展农民专业合作社示范社建设行动，要着力加强规范化建设，提高民主管理水平；着力加强标准化生产，提高产品质量安全水平；着力加强品牌化建设，提高市场竞争能力。重点抓好以下工作：

（一）加强规范化建设，建立健全内部规章制度，提高成员民主管理水平。指导农民专业合作社依法办社，按照法律规定实行民主选举、民主管理、民主决策、民主监督，结合实际建立健全成员（代表）大会、理事会、监事会等“三会”制度，充分保障全体成员对合作社内部各项事务的知情权、决策权、参与权和监督权，努力实现自我组建、自我管理、自我服务、自我受益的宗旨。指导农民专业合作社依章办事，按照《农民专业合作社示范章程》规定，结合实际制订好本社章程，贯彻执行好章程的各项

约定。指导农民专业合作社按照《农民专业合作社财务会计制度（试行）》规定，建立健全会计账簿、财务管理制度和盈余分配制度，为全体成员建立完整的个人账户，确保成员出资、公积金份额、与合作社交易情况、盈余分配等产权资料记录准确无误。引导农民专业合作社建立良好的内部积累和风险保障机制，保持资产状况良好，最大程度地增加成员收入。通过开展这一行动，切实提高成员民主管理水平，不断增强农民专业合作社可持续发展的内在活力。

（二）加强标准化建设，建立健全农产品生产记录制度，提高农产品质量安全水平。引导、鼓励和支持农民专业合作社按照“有标采标、无标制标”的原则，率先实行标准化生产，严格遵守《农产品质量安全法》和《食品安全法》的规定，建立健全生产记录制度，统一质量安全标准和生产技术规程，统一农业投入品采购供应，统一产品和基地认证认定。对农民专业合作社成员广泛开展农产品标准化生产和相关技术规程的培训，加强生产信息监管，使成员的标准化生产水平明显提高。通过开展这一行动，全面提升农民专业合作社产品质量安全水平，不断增强农民专业合作社可持续发展的技术支撑能力。

（三）加强品牌化建设，建立健全良好规范的信用管理制度，提高市场竞争能力。引导农民专业合作社率先成为遵守法律和行政法规、遵守社会公德和商业道德、诚实守信开展生产经营活动的典范。建立健全规范的信用管理制度，树立诚信意识、风险意识和品牌意识，实施品牌化经营战略，加强品牌宣传和保护，以信誉和品牌赢得市场竞争。引导、鼓励和支持农民专业合作社拥有自主注册商标，开展无公害产品、绿色食品、有机食品生产基地和地理标志产品等相关认证。符合条件的优先推荐参选“中国名牌农产品名录”或省级以上名牌产品。鼓励支持农民专业合作社产品直接进入城市大型超市、在城市建立连锁店、直销点，支持农民专业合作社参加有关农产品交易洽谈会、博览会，逐步提高农民专业合作社主产品的市场占有率，扩大主产品销售半径，提升其市场定价能力。鼓励农民专业合作社拥有自营出口权，主动参与国际农产品市场竞争。通过开展这一行动，不断提高农民专业合作社的经营管理水平，增强农民专业合作社可持续发展的市场竞争能力。

四、加大扶持力度，为开展农民专业合作社示范社建设行动提供有力保障

（一）落实有关规定完善有关政策。目前，与《农民专业合作社法》配套的《农民专业合作社登记管理条例》、《农民专业合作社财务会计制度（试行）》、《农民专业合作社示范章程》以及农民专业合作社税收等政策都已颁布实施，各地要结合农民专业合作社示范社建设行动认真抓好具体执行工作。明确符合相关要求的农民专业合作社，可

享受减免所得税优惠。加强对有关金融机构支持农民专业合作社发展工作情况的检查指导，推动落实金融支持农民专业合作社发展的政策措施。研究制定减免合作社商标注册收费、组织机构代码证收费的具体办法；明确农民专业合作社的法人序列，在组织机构代码信息系统中实现对农民专业合作社的分类汇总。进一步研究完善登记办法，简化登记手续。研究制定和完善农业保险、用电、绿色通道、自营进出口、科技以及人才支持等相关政策措施，并推动落实到位。

（二）加大扶持力度。建立健全农民专业合作社建设的支持保障体系，加大财政扶持力度，进一步提高财政资金的使用效益。按照农业部《优势农产品区域布局规划2008—2015》和《特色农产品区域布局规划（2006—2015)》，在粮食、油料、棉花、蔬菜、水果、马铃薯、生猪、奶业等优势农产品主产区，大力支持农民专业合作社发展主导产业，开发有地方特色的名特优农产品，加强原产地保护。农业机械购置补贴、农业标准化、生猪和奶牛标准化规模养殖小区、农村实用人才和阳光工程培训等各类农业财政专项和基本建设项目，优先委托有条件的农民专业合作社实施。各地有关部门要主动组织和指导有关农民专业合作社承担相关支农建设项目。

（三）加强培训教育。按照分类指导、分级负责、注重实效的原则，制订培训规划，采取学历教育、远程教育、短期进修、参观考察等多种形式，大力加强合作社干部培训教育。广泛开展面向以理事长为主的经营管理人才，以会计为主的理财能手，以专业技术人员为主的种养能人，以经管干部为主的县乡基层业务辅导员的培训。建立健全培训网络体系。支持农业大专院校和农业职业技术学校等开办相关专业和课程，培养农民专业合作社专门人才。落实好2009年中央1号文件关于“加强合作社人员培训，各级财政给予经费支持”的要求，为农民专业合作社发展提供人才培训支持。

（四）加强业务指导。结合农民专业合作社示范社建设行动，培养造就一支政策理论水平高、业务工作本领强、热心合作事业的农民专业合作社业务辅导员队伍，建立健全农民专业合作社辅导员队伍体系。推动加快地方立法进程。研究制定农民专业合作社建设与发展的业务指导操作规程，依法加强业务辅导，建立业务指导员工作考核激励机制，提高指导员的业务本领和工作水平。按照有关法律法规规定，积极引导符合条件的农民专业合作组织依法登记为农民专业合作社。

（五）加强舆论宣传。利用各种方式加强对农民专业合作社的宣传，扩大社会影响。认真组织对农民专业合作社示范社建设成功事例及示范社带头人先进事迹的总结和经验交流，充分发挥其示范带动作用。进一步加大法律宣传力度，把《农民专业合作社法》的宣传工作纳入农村普法规划，结合“法律六进”活动，集中力量，集中时间，广泛深入开展法律法规政策宣传工作，努力使广大基层干部群众切实掌握运用好有关法律法规和政策。

各地有关部门要在党委、政府的领导下，加强协作配合，共同推进农民专业合作社示范社建设行动扎实开展。各级农业部门要主动加强与发改、科技、司法、财政、商务、金融、税务、工商、质检、银监等部门的沟通，积极向党委、政府汇报情况、提出建议。要按照本《意见》精神，结合各地实际，采取有效措施，创造性地推进农民专业合作社示范社建设行动。

2009 年 8 月 31 日

农业部关于印发《农民专业合作社示范社创建标准（试行）》的通知

农经发〔2010〕8号

各省、自治区、直辖市、计划单列市、新疆生产建设兵团农业（农牧、农村经济）、农机、农垦、渔业厅（委、办、局）：

为贯彻落实《中共中央国务院关于加大统筹城乡发展力度进一步夯实农业农村发展基础的若干意见》（中发〔2010〕1号）提出的“大力发展农民专业合作社，深入推进示范社建设行动”要求，按照农业部等11部门《关于开展农民专业合作社示范社建设行动的意见》（农经发〔2009〕10号）确定的示范社建设目标和主要内容，结合各地示范社建设经验，我部制定了《农民专业合作社示范社创建标准（试行）》，现印发你们，请参照执行。

制定试行《农民专业合作社示范社创建标准（试行）》是贯彻落实今年中央1号文件精神的具体措施，有利于指导各地广泛深入开展农民专业合作社示范社建设行动，有利于推动农民专业合作社规范化、上水平发展，对于率先培育一批引领农民参与国内外市场竞争的现代农业经营组织具有重要作用。各省（自治区、直辖市）农业部门要高度重视农民专业合作社示范社建设，参照本标准，采取多种方式，因地制宜地开展示范社建设行动，尽快培育一批符合标准的示范社。要加强与有关部门的沟通协调，加大对示范社的财政扶持奖补力度，重点支持示范社承担有关国家涉农项目，提高示范社贷款授信等级和贷款用信额度，搞好示范社宣传，扩大示范社影响，充分发挥其示范带动作用。

各省（自治区、直辖市）农业部门要认真总结当地农民专业合作社示范社建设的好做法、好经验，并将有关情况及时报农业部经管司。

2010 年 6 月 11 日

农民专业合作社示范社创建标准（试行）

（一）民主管理好

1. 依照《农民专业合作社法》登记设立，在工商行政管理部门登记满 2 年。有固定的办公场所和独立的银行账号。组织机构代码证、税务登记证齐全。

2. 根据本社实际情况并参照农业部《农民专业合作社示范章程》制订章程，建立完善的财务管理制度、财务公开制度、社务公开制度、议事决策记录制度等内部规章制度，并认真执行。

3. 每年至少召开一次成员（代表）大会并有完整会议记录，所有出席成员在会议记录上签名。涉及重大财产处置和重要生产经营活动等事项由成员（代表）大会决议通过，切实做到民主决策。

4. 成员（代表）大会选举和表决实行一人一票制，或一人一票制加附加表决权的办法，其中附加表决权总票数不超过本社成员基本表决权总票数的20%，切实做到民主管理。

5. 按照章程规定或合作社成员（代表）大会决议，建立健全社务监督机构，从本社成员中选举产生监事会成员或执行监事，或由合作社成员直接行使监督权，切实做到民主监督。

6. 根据会计业务需要配备必要的会计人员，设置会计账簿，编制会计报表，或委托有关代理记账机构代理记账、核算。财会人员持有会计从业资格证书，会计和出纳互不兼任。理事会、监事会成员及其直系亲属不得担任合作社的财会人员。

7. 为每个成员设立成员账户，主要记载该成员的出资额、量化为该成员的公积金份额、该成员与本社的交易情况和盈余返还状况等。提取公积金的合作社，每年按照章程规定将公积金量化为每个成员的份额并记入成员账户。

8. 可分配盈余按成员与本社的交易量（额）比例返还，返还总额不低于可分配盈余的60%。

9. 每年组织编制合作社年度业务报告、盈余分配方案或亏损处理方案、财务状况说明书，并经过监事会（执行监事）或成员直接审核，在成员（代表）大会召开的十五日前置于办公地点供成员查阅，并接受成员质询。监事会（或执行监事）负责对本社财务进行内部审计，审计结果报成员（代表）大会，或由成员（代表）大会委托审计机构对本社财务进行审计。自觉接受农村经营管理部门对合作社财务会计工作的指导和监督。

（二）经营规模大

10. 所涉及的主要产业是县级或县级以上行政区域优势主导产业或特色产业。经营规模高于本省同行业农民专业合作社平均水平。

11. 农机专业合作社拥有农机具装备 20 台套以上，年提供作业服务面积达到 1.5 万亩以上。

（三）服务能力强

12. 入社成员数量高于本省同行业农民专业合作社成员平均水平，其中，种养业专业合作社成员数量达到 150 人以上。农民占成员总数的 80％以上，企业、事业单位和社会团体成员不超过成员总数的 5％。

13. 成员主要生产资料（初入社自带固定资产除外）统一购买率、主要产品（服务）统一销售（提供）率超过 80％，标准化生产率达到 100％。

14. 主要为成员服务，与非成员交易的比例低于合作社交易总量的 50％。

15. 生产鲜活农产品的农民专业合作社参与“农超对接”、“农校对接”，或在城镇建立连锁店、直销点、专柜、代销点，实现销售渠道稳定畅通。

（四）产品质量优

16. 生产食用农产品的农民专业合作社所有成员能够按照《农产品质量安全法》和《食品安全法》的规定，建立生产记录制度，完整记录生产全过程，实现产品质量可追溯。

17. 生产食用农产品的农民专业合作社产品获得无公害产品、绿色食品、有机农产品或有机食品认证。生产食用农产品的农民专业合作社主要产品拥有注册商标。

（五）社会反响好

18. 享有良好社会声誉，无生产（质量）安全事故、行业通报批评、媒体曝光等不良记录。

19. 成员收入高于本县域内同行业非成员农户收入30％以上，成为农民增收的重要渠道。

国家烟草专卖局办公室关于印发烟农专业合作社行业示范社评定办法的通知

各有关省级局（公司）：

为做好烟农专业合作社行业示范社创建与评定工作，国家局制定《烟农专业合作社行业示范社评定办法》，现印发给你们。请按照办法的要求，认真组织好行业示范社评定工作，示范带动烟农专业合作社健康发展。

2013 年 10 月 29 日

烟农专业合作社行业示范社评定办法

根据《国家烟草专卖局关于推进综合服务型烟农专业合作社发展的指导意见》（国烟办〔2012〕375 号）和《国家烟草专卖局办公室关于开展 2013 年综合服务型烟农专业合作社行业示范社创建工作的通知》（国烟办综〔2013〕157 号）等文件要求，为规范烟农专业合作社行业示范社（以下简称行业示范社）评定工作，特制定本办法。

一、评定对象

开展行业示范社创建工作的烟农专业合作社（以下简

称合作社)。申请评定的合作社应具备以下条件:

1. 法人主体明确。依法注册登记,营业执照、组织机构代码证、税务登记证三证齐全,有独立银行账户,有固定的办公室场所,正常经营两年以上。合作社成员(代表)大会、理事会、监事会三会制度健全,实行理事会领导下的经理负责制。

2. 规章制度完善。有规范完善的《合作社章程》,完善民主议事、内部管理、成员联系、盈余分配等规章制度,做到管理民主、资产清晰、职责明确、社务公开等。

3. 财务管理规范。严格按照农民专业合作社财务会计制度,实行独立的财务管理和会计核算,规范建账,并设立成员账户,账目清晰、档案完备。

4. 基础设施配套。育苗工场、集群烤房(烘烤工场)、农机具、分级设施等配套完善,合作社依托配套设施设备开展专业化服务和功能拓展。

5. 服务体系完备。在基地单元内,按环节分片区组建专业服务队,建立标准业务流程、规范专业操作,健全服务质量评价体系,服务所在基地单元,基本实现一基一社。

二、评定内容

以“管理团队、运行机制、财务管理、专业服务、运营成效”为主要内容确定评定指标体系。

(一)管理团队(10分)

1. 治理结构(3分)。成员(代表)大会选举产生理事会、监事会；理事会公开选聘合作社经理；经理负责选聘与组建经营管理团队（1 分）。推行决策与经营分离，理事会负责资产管理、服务定价、盈余分配以及大额支出等重大决策（0.5 分）；监事会主要负责财务监督，列席参加理事会议（0.5 分）；推行职业经理聘任制度，经理脱产负责合作社日常经营（1 分）。

2. 民主管理（2 分）。成员（代表）大会每年召开 2 次以上（0.5 分），理事会依据《合作社章程》定期或不定期召开会议。会议内容、议事过程、决策事项等有详细的会议记录（0.5 分）。重大决策实行一人一票制（0.5 分），服务定价、财务状况、盈余分配、物资采购等重大事项公开公示（0.5 分）。

3. 管理人员（3.5 分）。合作社经理熟悉烟叶生产，经营能力强，鼓励烟草职工竞聘合作社经理（1 分）。经营管理人员原则上 6 名，分工及职责明确，主要负责育苗、机耕、植保、烘烤、分级、功能拓展等业务（可兼岗），财务及综合管理（2 分）。理事会成员可以竞聘成为经营管理人员，但人数不能超过理事会的一半（0.5 分）。

4. 设置专业队（1.5 分）。合作社管理人员按照片区或者服务环节，结合专业化服务需求，设置相应的专业服务队（可为综合作业队或单环节作业队），并确定队长人选（1 分）。各专业服务队队长熟悉该环节技术技能，具备较强的组织管理与协调能力（0.5 分）。

（二）运行机制（20分）

1. 合作社：

（1）统一经营管理（3分）。经理对管理人员实行绩效考核，执行到位，并有考核记录（1分）。管理人员负责从组织管理、服务效益、作业质量等方面对队长进行业务考核，开展等级评定，与专业化服务费用（业务承包费用或统一经营的业务费用）挂钩（1分）。专业队长负责对专业队员进行考核（1分）。

（2）成本测算与定价（3.5分）。在烟草公司指导下，分环节测算专业化服务成本，成本构成包括专业化服务费用（物资成本、用工成本、设备维护及合作社自购资产的折旧费用、队长收益等）、经营管理费用（经营管理人员薪酬、理事会与监事会成员误工补贴、日常性支出），核定成本真实准确，且不高于当地平均水平（2.5分）。在合作社成员参与下，合理确定服务价格，合作社服务价格高于成本10%左右，公示公开，成员认可（1分）。

（3）签订服务协议（1分）。合作社与烟农签订专业化服务协议，统一收取专业化服务费用（0.5分），协议注明服务价格、数量、时间，作业质量要求，验收方式等内容（0.5分）。

（4）专业化服务形式（4分）。采用专业化服务承包的，由专业服务队承包专业化服务工作量，合作社与专业服务队签订业务承包协议，协议须明确作业量、质量要求、承包费用等内容（3分）；合作社从物资投入、用工成本、设施维护、队长收益等方面核定服务承包费用，统一负责为各专业服务队提供专业化服务的物资，集中采购，降低成本，并从服务承包费用中结算扣除（1分）。采用自主统一经营的，采取报账制，由专业服务队开展专业化服务作业，合作社与服务队签订业务统一实施目标协议，协议须明确专业队作业要求、作业量和目标责任考核等内容（3分）；从物资投入、用工成本、设施维护、队长收益等方面审核成本，统一负责为各专业服务队提供专业化服务的物资，集中采购，降低成本（1分）。采取其他形式不得分，满分不超过4分。

（5）建立技能人员库（1分）。合作社联合烟草公司，开展技术技能培训（0.5分），建立并不断充实主要专业服务技能人员库（有翔实的培训记录和人员档案）（0.5分）。

2. 专业服务队：

（1）招聘队员（3分）。专业服务队队长根据服务工作量，在本社成员或者社会人员中招聘服务人员（可从主要专业服务技能人员库中选取），开展专业化服务（1分）；专业服务人员应经培训合格，签订安全责任协议后上岗（1分）。农机手必须持有驾驶证，由合作社统一购买人身意外保险并签订安全责任协议（1分）。

（2）开展服务（2分）。在烟草公司指导下，配合合作社，制定专业化服务业务流程、技术规程、作业标准、验收办法等作业制度（1分），并严格执行到位（1分）。

（3）队员考核（2.5分）。对专业化服务人员进行作业考核，依据作业量、作业效率、作业质量等，核定用工报酬（2分）；联合烟草公司与合作社，开展建立专业化服务人员技能评级制度（0.5分）。

（三）资产及财务管理（22分）

1. 设施齐全（6分）。合作社育苗工场、集群烤房（烘烤工场）、农机具、分级设施等配套完善，享有设施的管理权、收益权（1分），其中基地单元育苗工场、烘烤工场、分级场地与设施、新增农机具经营管理权全部移交合作社（2分）。已承包给他人的要重新收回，统一移交合作社进行管理（2分）。合作社在章程中明确烟草公司保留最终处置权（1分）。

2. 补贴普惠（3分）。地方政府或烟草各级部门明确支持政策，给予发展资金扶持，专业化服务补贴到合作社（1分）。专业化服务补贴体现在成本构成、价格制定中，及时足额核减调整服务价格，确保烟农受益（1分）。设施管护、基础建设、发展资金、专业化服务等补贴性收入来源清晰、用途明确、专款专用，未用于消费性支出（1分）。

3. 收支分开（4分）。实行收支两条线，有完整的收支明细台账（2分），记账及时、核算准确、报账审核严格，并定期公开账务（1分）。开展财务年度审计，有相应审计报告（1分）。

4. 薪酬合理（4.5分）。允许理事会与监事会成员按占用时间多少，支付一定的误工补贴（1分）；经营管理层（经理及管理人员）薪酬支出合理，与经营收益、当地农村经济水平相适应（1 分）；专业服务队队长报酬在服务承包费用中核定或采用固定工资加绩效的方式进行核定，收益水平略高于当地收入水平（1 分）；专业化服务人员报酬由队长从服务承包费用的用工成本中支付，用工价格参照当地农村用工水平（1 分），兼职人员不得重复计酬（0.5 分）。

5. 成员账户（1.5 分）。设立成员账户（0.5 分），详细记载成员入社费、公积金份额、专业化服务交易量与交易额、盈余返还数额等（1 分）。

6. 盈余返还（2 分）。制定现金、实物或购买保险等多方式、多种类的盈余返还机制（0.5 分），依据成员账户进行返还，返还总额不低于在提取公积金之后的可分配专业化服务盈余的 60%（0.5 分）。原则上不允许参股形式分红（0.5 分），严禁其它社会资本参股涉烟专业化服务（0.5 分）。

7. 多种经营（1 分）。利用行业补贴性资产开展多种经营、非烟服务项目的，允许部分成员出资参股。产生的收益，合作社提取一定的设施管护费用、经营管理团队激励补贴经费、发展基金外，可用于参股成员分红，分红总额不超过 50%（1 分）。

（四）专业服务（40 分）

合作社服务整个基地单元，在单元内开展专业化服务。

1. 育苗（6 分）。专业化商品育苗比例 100%（2 分，每少5%扣0.5分），其中，由合作社统一物资、统一作业、统一结算商品化育苗比例达到80%以上（2分）；专业户自行集中育苗的比例不超过20%，且收益控制在10%（2分）。

2. 机耕（8分）。合作社利用自有机械或组织社会农机开展机耕（整地）作业的比例80%以上（4分）、起垄60%以上（4分），以上各项每少10%扣1分，扣完为止。

3. 植保（4分）。农药由合作社统一分类管理，按需分次发放，有详细入库、发放记录，建立并开展药袋、药瓶回收处理工作，并有翔实记录（2分）。由合作队组织的专业化植保比例30%以上（2分），每少10%扣1分，扣完为止。

4. 烘烤（9分）。烘烤工场开展统一物资、统一作业、统一结算全商品化烘烤（2分），且烘烤比例不低于10%（1分）。5座以上集群烤房统一技术、统一作业专业化烘烤（2分），且合作社专业烘烤技师人均负责5座烤房以上（1分）。商品化与专业化烘烤形式烤房数量占80%以上（3分），每低10%，扣1分，扣完为止。

5. 分级（6分）。在固定分级场所，由专业分级队统一分级的比例超过95%（4分），每低5%，扣1分，扣完为止。分级人员人均日作业量在1.5担以上（2分）。

6. 功能拓展（7分）。

（1）技术承包（1分）。开展优化结构、有机肥集中发酵、土地整理、机耕路建设、秸秆压块等业务试点，有

1项得0.2分，总分1分。

(2) 物资服务（1分）。统一采购烤烟用煤，开展育苗物资、肥料、农药、烤烟用煤等配送业务，有1项得0.2分，总分1分。

(3) 环节拓展（1分）。开展移栽、施肥、采收、运输四个环节专业化服务试点，且服务覆盖率超过基地单元种烟面积的10%，有1项得0.5分，总分1分。

(4) 多种经营（1分）。利用两个工场和农机具等设施开展多种经营，有1项得0.25分，总分1分。

(5) 辅导员聘用（1分）。开展烟农辅导员聘用和信息化服务，有1项得0.5分，总分1分。

(6) 设施管护（2分）。有设施设备管护制度、管护资金、管护责任人（1分），设施设备完好（1分）。

(五) 运营成效（8分）

1. 基地单元内烟农入社率80%以上（0.5分），合作社成员烟农占80%以上（0.5分）。

2. 享有良好的社会声誉，服务能力和服务质量得到烟农、地方政府和烟草公司普遍认可，提质增效明显，成员满意度80%以上，专业化服务争议少于5件（1分），未发生重大生产安全（质量）事故（2分）。

3. 减工效果显著，成员亩均用工减少10个以上（2分）。

4. 运营收支基本平衡，实现微利（0.5分）；利润达到30万元以上，且在服务定价、工资薪酬、激励机制、分红方式等方面得到成员认同（0.5分）。

5. 合作社诚实守信，运行规范，无侵占、挪用或者私分合作社资产等违反《农民专业合作社法》的行为（0.5分），在税务、金融等部门无不良记录（0.5分）。

三、评定程序

遵循"逐级评审、分级负责"的原则，按照初审、评审、评定的程序进行。综合评分80分以上为合格，90分以上为优秀。

1. 初审。由符合条件的评定对象，向所属地市级公司提报行业示范社初审申请；地市级公司根据评定内容，进行现场察看，审核材料，于次年元月30日之前完成初审；初审合格的，报请省级局（公司）进行评审。

2. 评审。省级局（公司）建立30名以上的评审专家库，并从中抽取7名以上专家成立评审组，根据评定内容，逐一进行现场察看，审核材料，于次年3月30日之前完成评审；形成评审合格或优秀的评审意见，报请国家局评定。

3. 评定。国家局于次年5月30日之前，成立行业示范社评定专家组，通过现场抽评和会议评议的方式，对省级局（公司）提报的评审意见，进行统一评定。最终评定结果为合格或优秀的，给予10万元扶持发展基金；并授予优秀合作社为"烟农专业合作社行业示范社"称号。

贵州省职业烟农评定与管理试行办法

为深入推进现代烟草农业建设，引导规模化种植，稳定和优化烟农队伍，培育新型烟叶生产经营主体，切实转变烟叶生产方式，保持烟叶产业平稳发展，特制定本试行办法。

第一章 总 则

第一条 职业烟农是指在适度规模种植基础上逐步发展形成的新型烟叶生产经营主体，是连续 3 年以上将烟叶生产作为家庭主要产业，种烟收入为家庭主要经济来源，具备初中以上（含初中）文化程度，能接受现代烟叶生产技术，有一定的烟叶生产经营管理能力，重合同、守信誉，烟叶生产水平、质量水平和收入水平高于当地平均水平，能自觉遵守国家法律法规，经烟草部门认证的种烟农户。

第二条 本办法适用不同级别职业烟农的评定管理、分类指导、分类扶持。主要包括职业烟农入围资格、等级评定、差异化扶持、动态管理等内容。

第三条 本办法的评定对象为签订合同的烟农户，原则上一户一评，不得一户多评、多户一评、代评冒评。

第二章　职业烟农评定

第四条　评定原则。应遵循“行业引导、烟农自愿、严格标准、动态管理”的原则，开展职业烟农初评及考核，引导烟农向规模种植、集约经营、专业服务发展。

第五条　评定流程。

（一）启动。市（州）公司为职业烟农评定的主体，制订年度职业烟农评定工作方案、评定标准、培训教材和评定试卷。

（二）申报。烟叶工作站负责向烟农宣传职业烟农各项政策，由烟农向烟叶工作站提出职业烟农评定申请，烟站核实、统一汇总后上报县级分公司。

（三）初评。县级分公司根据评定标准，对烟农进行打分，并组织达标的烟农申报职业烟农等级评定。初评合格的烟农需签字确认。

（四）等级评定。县级分公司按照职业烟农等级评定的培训教材和考核试卷，统一组织初评合格的烟农进行集中培训和考核，并根据等级评定标准和考核结果，将烟农评定为高级、中级、初级职业烟农，并上报市（州）公司审核。

（五）公示。县级分公司将考核通过的职业烟农名单、级别，在相关村、镇、烟站进行为期15天的公示。有异议的或有投诉意见的，县级分公司和烟站应及时调查核实。

（六）发证。公示无异议后，市（州）公司将职业烟农报送省局（公司），省局（公司）技能鉴定站根据职业烟农级别，下发资格证书。

（七）建档。县级分公司按照“一户一档”的要求，建立职业烟农档案，并录入烟叶生产信息系统。

第六条 初评标准。从“有文化、守诚信、懂技术、以烟为主”4个维度设计职业烟农评定标准，其中，“有文化”设置学历、接受专业化服务情况2个指标，“守诚信”设置合同数量完成情况、合同结构完成情况2个指标，“懂技术”设置亩产量、亩产值、亩均生产成本、上等烟比例4个指标，“以烟为主”设置烤烟收入占家庭收入比例、种烟年限、年龄结构、种植规模4项指标，参考表1。

表1 职业烟农评定标准（参考）

维度	指标	单位	三档	二档	一档
有文化	学历	—	高中或中专及以上	初中	初中以下
	接受专业化服务情况	项	4项及以上	3项	2项及以下
守诚信	合同数量完成情况	%	100%	98%～100%	95%～98%
	合同结构完成情况	%	100%	98%～100%	95%～98%

（续）

维度	指标	单位	三档	二档	一档
懂技术	亩产量	斤	350斤及以上	300～350斤	250～300斤
	亩产值	元	4 000元及以上	3 500～4000元	3 000元及以上
	亩均生产成本	元	2 500元及以内	2 500～2 700元	2 700～3 000元
	上等烟比例	%	55%及以上	50%～55%	45%～50%
以烟为主	烤烟收入占家庭总收入比例	%	80%及以上	70%～80%（含70%）	70%以下
	种烟年限	年	连续8年及以上	连续5年以上	连续3年以上
	年龄结构	岁	45岁及以下	45～55岁	55岁及以上
	种烟规模	亩	连续三年种植40亩及以上	连续三年种植30～40亩	连续三年种植20～30亩

第七条 各市（州）公司可以根据产区实际，根据职业烟农评定标准（参考），确定评定指标及权重。

第三章 动态管理

第八条 职业烟农评定原则上每年进行1次，确保及时吸纳新的职业烟农。

第九条 根据每年评定考核结果，对职业烟农实行动态管理。

（一）连续3年符合或超过该级别评定标准的，提高职业烟农级别；

（二）连续3年不符合该级别评定标准的，降低职业烟农级别；

（三）对不再种烟、不按指定地点交售烟叶、套购倒卖烟用物资、倒买倒卖烟叶的，取消职业烟农资格。职业烟农资格取消后 3 年内不得参加评定。

第四章 差异化扶持

第十条 根据职业烟农等级评定的结果，对高级、中级、初级职业烟农实行差异化扶持如下：

（一）计划安排。在尊重烟农意愿、充分考虑适度规模种植的基础上，优先满足职业烟农烟叶种植计划需求。

（二）生产投入。在生产投入总额不变的情况下，产区可按职业烟农不同级别，适度调增生产投入标准，原则上职业烟农补贴增幅控制在当地平均生产投入补贴的 20％以内，具体补贴系数和上浮上限可参照表 2。

表 2 生产投入补贴系数浮动比例上限

烟农类型	传统烟农	职业烟农		
		高级	中级	初级
浮动系数	1.00	1.20	1.15	1.10

（三）专业服务。烟农专业合作社应优先满足职业烟农专业服务需求，烟草行业专业化服务补贴适度向职业烟农倾斜。

（四）银行信贷。积极协调银行等金融部门，加强信贷支持，可根据不同级别职业烟农试点开展不同信用额度的信贷服务，提高职业烟农产前投入能力。

（五）种植保险。对不同级别职业烟农，适当提高参保资金和最高理赔金额。

（六）烟田流转。可对职业烟农土地流转给予适当补贴，原则上高级职业烟农不超过100元/亩，中级职业烟农不超过80元/亩，初级职业烟农不超过50元/亩。

（七）其他扶持政策。对高级职业烟农试点开展新农村合作医疗保险、子女上学奖励等服务，在节假日开展温情慰问活动，并争取地方政府惠农政策向职业烟农倾斜。

第十一条 各市（州）公司负责具体制订不同级别职业烟农与传统烟农的差异化扶持政策。

第五章 烟农服务

第十二条 宣传引导。利用广播、电视、手机短信等多种形式和途径，加强宣传引导，树立典型榜样，激发烟农积极性、主动性，推动烟农走职业化、专业化道路。

第十三条 教育培训。建立健全培训机制，构建完善培训体系，通过印发资料、办学习班、现场交流、入户指导等多种形式，开展职业烟农培训。

（一）生产技术培训。开展起垄覆膜、适时移栽、营养平衡、科学施药、成熟采收、密集烘烤等烟叶生产全过程先进适用技术培训，提高烟农技术水平。

（二）经营管理培训。围绕成本控制、生产管理、效益核算等方面开展培训，提高烟农经营管理水平。

（三）政策法规宣传培训。开展烟叶生产、现代烟草农业、合作社政策以及有关法律法规培训，提升烟农规范经营意识。

第十四条　土地流转服务。依托村委会、县乡土地流转中心、烟农专业合作社等，帮助职业烟农开展烟田流转，优先满足职业烟农规模化种植需求，提高烟田集中连片程度。

第十五条　专业服务。加强先进适用农机配置，提升烟叶生产农机化水平，加强烟农专业合作社建设，提升专业化服务水平，推进烟叶生产全程机械化作业、专业化服务，减少职业烟农生产用工，提高生产效率，降低生产成本。

第十六条　技术服务。实行片区管理、网格服务，以网格配备烟叶技术员或烟叶客户经理，构建新型服务烟农模式，做好烟叶生产全程技术服务，及时帮助烟农解决生产中遇到的问题。

第十七条　物资供应服务。加强烟用物资管理，确保足额、及时向职业烟农供应烟用物资，并科学合理使用烟用物资。

第十八条　信息化服务。通过服务热线、信息平台等，为职业烟农提供气象预测预报、物资发放、病虫害预测预报、烟叶生产技术、专业化服务、烟叶分级交售等信息服务。

第六章　附　　则

第十九条　本办法由中国烟草总公司贵州省公司负责解释。

第二十条　本办法自印发之日起施行。

图书在版编目（CIP）数据

烟农专业合作社转型升级100问 / 陈风雷主编．—北京：中国农业出版社，2018.12

ISBN 978-7-109-24987-5

Ⅰ.①烟… Ⅱ.①陈… Ⅲ.①烟农－专业合作社－研究－贵州 Ⅳ.①F321.42②F326.12

中国版本图书馆CIP数据核字（2018）第280861号

中国农业出版社出版

（北京市朝阳区麦子店街18号楼）

（邮政编码 100125）

责任编辑　闫保荣

北京中兴印刷有限公司印刷　新华书店北京发行所发行

2018年12月第1版　2018年12月北京第1次印刷

开本：850mm×1168mm 1/32　印张：6

字数：105千字

定价：38.00元